铁路物资管理基础知识

《铁路物资管理基础知识》编委会　编

中国铁道出版社有限公司

2024年·北　京

内 容 简 介

本书依据国铁集团物资管理相关规章制度，结合铁路局集团公司物资管理实际编写。全书共十章，内容包括：铁路物资管理概述、预算管理、采购管理、仓储管理、应急物资管理、报废物资管理、物资质量及供应商管理、物资目录及信息化管理、物资管理监督检查和物资廉洁风险防控。本书遵循系统性、针对性、实用性和前瞻性原则，具有较好的实用性。

本书可供各运输站段物资管理人员岗位适应性培训使用，也可供职工自学使用。

图书在版编目(CIP)数据

铁路物资管理基础知识/《铁路物资管理基础知识》编委会编．—北京：中国铁道出版社有限公司，2024.3

ISBN 978-7-113-31026-4

Ⅰ.①铁… Ⅱ.①铁… Ⅲ.①铁路运输-货物运输-物资管理 Ⅳ.①U294.1

中国国家版本馆 CIP 数据核字(2024)第 036229 号

书　　名：铁路物资管理基础知识
作　　者：《铁路物资管理基础知识》编委会

责任编辑：秦绪涛　　**编辑部电话：**(010)51873024
封面设计：高博越
责任校对：安海燕
责任印制：樊启鹏

出版发行：中国铁道出版社有限公司(100054，北京市西城区右安门西街 8 号)
网　　址：http://www.tdpress.com
印　　刷：天津嘉恒印务有限公司
版　　次：2024 年 3 月第 1 版　2024 年 3 月第 1 次印刷
开　　本：880 mm×1 230 mm 1/32　**印张：**4.5　**字数：**88 千
书　　号：ISBN 978-7-113-31026-4
定　　价：25.00 元

版权所有　侵权必究

凡购买铁道版图书，如有印制质量问题，请与本社读者服务部联系调换。
电话：(010)51873174，打击盗版举报电话：(010)63549461

编　委　会

主　　编：许彬玲

编写人员：甘伟新　刘志伟　黄学刚
陈晓佳　潘阳实　徐　博
闫蕴光　陈　路　李兴华
钟嘉伟　李慧萍

主　　审：倪　铮　周伟章

序

随着中国铁路快速发展环境持续向好，近年来铁路物资管理改革创新取得重要进展，在供应总量、集约化程度和服务保障能力等方面均实现较大进步，管理发展正处在从量的积累向质的飞跃、点的突破向系统能力提升的重要阶段，物资管理工作对改善经营和支撑建设的作用更加明显，培养锻造更具综合素养的物资管理队伍越来越重要。

广州局集团公司于2023年初制定集团公司经营管理专业人才提素行动方案，将物资管理纳入行动计划，通过健全专业人才培养使用机制，培育一批引领、支撑专业发展的专业骨干，推进集团公司专业管理工作迈上新台阶。为此，集团公司通过设置物资相关岗位准入门槛、编写物资管理基础知识培训教材、开展物资管理专业培训，不断强化物资管理人员整体素质，推动物资管理新机制的顺利运行。

《铁路物资管理基础知识》是由广州局集团公司物资部组织编写，遵循系统性、针对性、实用性和前瞻性的原则，能较好适应当前铁路运输站段物资相关岗位管理人员的培训需要。希望本书的出版能在优化物资管理人员培养模式、丰富课程内容、强化专业能力等方面发挥一定作用。

2024年1月

前　言

随着物资管理在铁路企业经营管理中发挥着越来越重要的作用，中国国家铁路集团有限公司（简称国铁集团）对各铁路局集团公司物资管理工作的要求越来越高，对物资管理人员的专业能力和业务素质要求也越来越高。物资管理覆盖预算计划、采购组织、仓储供应、报废处置等全业务流程，各铁路局集团公司运输站段作为铁路物资供应链末端组织，在需求计划、仓储管理、库存控制、消耗预测等内部控制环节发挥着决定性作用，站段物资管理人员的专业能力水平高低直接关系到管理效率的高低。

《铁路物资管理基础知识》依据国铁集团物资管理相关规章制度，结合铁路局集团公司物资管理实际编写，可满足各运输站段物资管理人员岗位适应性培训的需要。本书内容包括铁路物资管理概述、预算管理、采购管理、仓储管理、应急物资管理、报废物资管理、物资质量及供应商管理、物资目录及信息化管理、物资管理监督检查和物资廉洁风险防控。读者可通过阅读本书，有针对性地进行系统学习，能够真正掌握运输站段物资管理的核心内容和专业知识，从而适应铁路物资管理高质量发展要求。

本书的编写是一项探索性工作，不足之处在所难免，欢迎读者对本书提出宝贵意见和建议，以便修订时补充更正。

编　者

2024 年 1 月

目　录

第一章　铁路物资管理概述

第一节　基本概念

铁路物资是指铁路企业生产经营和建设所需具备实物形态的资产。铁路物资不包括线路、房屋、建筑物、土地等不动产，以及用于销售目的的原材料、在产品、半成品、产成品、委托代销品等。

物资管理是企业管理的重要组成部分。物资管理内容覆盖物资寿命周期，包括需求计划、采购组织、仓储供应和报废处置等管理环节。

铁路物资实行归口管理，遵循分级负责、分类指导、管采分离的原则。按照管理权限，承担各自物资管理责任，对生产经营和建设的物资管理工作进行分类指导。按照管理、采购相分离模式，建立权力制衡、协调高效的物资管理机制，统筹配置供应链资源，构建具有铁路特色的现代企业物资管理体系。

第二节　运输站段物资管理职责

铁路局集团公司所属运输站段物资管理部门履行本单位

物资管理职能。主要包括：

1. 贯彻执行国铁集团、铁路局集团公司物资管理规章制度和物资采购供应管理工作要求，负责本单位物资归口管理，细化完善本单位物资管理相关制度。

2. 执行上级下达的物资管理任务指标。结合运输生产需求，按要求编制上报物资预算及采购需求计划。按规定办理物资验收、入库、保管、领用、消耗、统计、库存管理、修旧利废等日常工作，及时向铁路局集团公司物资部、物资采供单位上报物资质量问题及供应商不良行为信息。

3. 按要求落实报废物资处置管理相关工作。

4. 落实铁路物资管理信息系统、存量物资网、国铁采购平台、招商平台等使用管理工作。

5. 按规定和程序组织权限内物资采购工作。

第二章　预 算 管 理

第一节　概　　述

物资预算是全面预算体系的组成部分，应与其他预算有机衔接，发挥对物资采购的导向和约束作用，提高整体效益。

物资预算由各单位根据投资、财务、其他预算和物资需求计划，结合库存占用等情况编制。

运输站段根据生产经营和建设需要，结合投资计划、财务预算合理提出物资需求建议，经综合平衡后形成物资需求计划。物资需求计划确定过程中，物资管理相关部门根据物资库存、储备定额、消耗定额、市场价格等信息提出物资需求优化建议。

各单位按照铁路局集团公司物资预算管理要求逐级分解落实物资预算，根据生产经营、建设的进度和采购供应周期，统筹整合同类需求，合理制定采购计划，科学组织采购、储备。

预算管理需充分运用信息化手段，通过对物资预算执行情况进行分析，针对预算执行过程中存在的问题，合理调整采购计划，强化对采购过程的预警和控制。

第二节　运营物资采购预算管理的实施

一、预算编制

(一)编制依据

物资采购预算依据企业全面预算(包括投资预算、财务预算和其他业务预算),结合盘活库存、降低资金占用要求编制,范围为企业财务预算中涉及物资采购的事项(不含建设项目)。

(二)预算分类

物资采购预算分为综合物资采购预算和项目物资采购预算:

1. 综合物资采购预算是指按年度编制的物资采购预算,包括运营维修物资和部分大修项目的物资采购预算等。综合物资采购预算由铁路局集团公司物资部统一组织编制和管理。

2. 项目物资采购预算是指在固定资产投资预算、大修投资预算、各类专项资金预算规划范围内,一次性完成工作项目所需物资的采购预算。

(三)编制方式

1. 综合物资采购预算采取上下结合方式编制,先自下而上开展编制工作，经综合平衡后再自上而下组织实施。

(1)铁路局集团公司物资、业务、财务等部门按照管理职责，审核所属单位物资采购建议预算，形成综合物资采购预算并下达，同时报国铁集团物资管理部备案。

(2)国铁集团物资管理部负责汇总铁路局集团公司综合物资采购预算。

2. 综合物资采购预算采用一次编制、两次调整的方式。原则上各铁路局集团公司在每年 12 月组织编制并下达次年预算，在次年 6 月和 11 月对下达的预算进行调整。综合物资采购预算计算方法如下：

年度综合物资采购预算额$=\sum$(年度计划任务量×物资单耗金额)+库存控制金额－期初库存金额±调整金额

(1)年度计划任务量是指单项任务的工作量，单项任务的构成及工作量，由本级企业预算的任务项目及工作量确定(任务项目为包含有物资消耗的项目)。

(2)物资单耗金额按以下方法计算：单项任务有物资单耗定额的按定额计算，无定额的按历史单耗金额计算，无历史单耗金额的依据技术资料、实际调查情况或类似项目估算。

(3)库存控制金额是统计期末各单位库存金额的约束指标。

(4)调整金额是指因不可利用库存、修旧利废等因素而对采购预算进行调节、修正的金额。

(5)综合物资采购预算以不含税金额计算。

3. 项目物资采购预算采用季度末编制的方式上报，项目物资采购预算的计算方法如下：

项目物资采购预算额$=\sum$(物资设备数量×预算单价)+运杂费+其他费用

(1)物资设备数量按投资计划、设计文件、技术规格书等确定。

(2)预算单价按预算编制时的市场价格确定,无法获取市场价格的,按历史采购价格确定。

(3)运杂费(未含在预算单价内)指在物资设备采购过程中所发生的运输费、装卸费等。

(4)其他费用指物资设备采购中须由卖方提供安装、培训、检测、质保等单独计价的服务所产生的费用。

(5)项目物资采购预算以不含税金额计算。

二、预算执行

物资采购预算应在采购过程中严格执行,无预算不得采购,超预算必须按规定程序审批。物资采购预算管理应借助信息化手段,实现对采购过程的适时预警和控制。

(一)综合物资采购预算

综合物资采购预算对物资需求计划按季度实施控制,物资需求计划累计金额小于等于综合物资采购预算当季的本年累计金额,当年预算结余不做结转。

(二)项目物资采购预算

项目物资采购预算对物资采购申请和采购结果实施控

制，控制算法为：

1. 项目物资采购预算额为项目采购控制金额，应大于等于项目采购中标额。

2. 以物资设备明细为采购单元的，物资设备明细预算额为物资设备明细采购控制金额，应大于等于采购中标额。

3. 设置了最高采购限价的项目或物资设备，最高采购限价或以其为标准计算的总金额小于等于采购预算额。

三、预算调整

物资采购预算的调整按照铁路企业全面预算管理有关规定执行，遇到生产力布局、市场环境、经营条件、政策法规等重大变化，或者财务预算、投资计划等发生调整时，对物资采购预算的编制基础或预算执行结果产生影响，可以调整物资采购预算。

1. 综合物资采购预算由站段提出调整建议，由铁路局集团公司物资部及时审批并下达执行。铁路局集团公司年度物资采购预算调整后，应抄报国铁集团物资管理部。

2. 项目物资采购预算在上报铁路局集团公司物资部后不允许调整，如在采购过程未完成前，发生特殊情况使得项目预算无法执行时，由编制部门或单位撤回采购项目申请，重新编制并报送铁路局集团公司物资部。

3. 若属于突发性事件需立即发生的支出，按应急工作程序可先行实施，事后应及时按规定程序调整预算。

第三章 采购管理

第一节 概 述

近年来，国铁集团、铁路局集团公司不断完善采购管理制度，优化业务流程，严格按规范程序组织采购，建立权责明晰、协同配合、有效控制的采购管理机制。

1. 全面推进公开采购，明确各种采购方式、评审方法的适用范围和标准。根据项目特点合理选择采购方式、评审方法，依法必须招标的物资采购项目严格执行国家法律法规的规定。

2. 全面公开物资采购信息，公开内容包括非保密的采购物资技术标准获取途径、物资采购信息和相关物资管理制度等。建立信息发布和审核机制，确保所公布信息及时、准确、规范，要求信息必须但不限于在国铁采购平台上公布，扩大信息受众面和市场影响力。

3. 全面开放市场，发挥市场机制作用，禁止设置不合理的条件限制、排斥供应商参与竞争，吸引有能力的各类企业生产制造铁路专用物资，营造竞争充分的市场环境。

4. 加快物资采购电子化进程，铁路局集团公司按照国铁集团建设全路统一的国铁物资采购平台的要求，将各级物资采购纳入平台管理，利用先进技术和规范业务流程，提高采购效率效益。

5. 进一步加大年度物资集中采购力度，实施国铁集团和铁路局集团公司两级集中采购为主的采购管理模式。推进运营物资年度集中采购，协调同类需求，形成批量采购优势，实现规模效益。铁路局集团公司落实国铁集团积极推进战略采购、国际采购工作要求，稳步推进和扩大与其他铁路局集团公司自主联合采购规模，降低采购成本。

6. 严格执行合同管理规定，按规范程序审批和签订合同，完整准确体现采购需求。按照合同约定落实履约责任，定期对合同执行情况进行分析和评价，防范履约风险。

第二节　采购方式

一、合理选择采购方式

适用于铁路物资采购的采购方式主要有：

1. 公开招标，是指以招标公告的方式邀请不特定的法人或其他组织投标。

2. 邀请招标，是指以投标邀请书的方式邀请特定的法人或其他组织投标。

3. 竞争性谈判采购，是指与符合资格条件的供应商就采购物资进行谈判，供应商按照采购文件的要求提交报价文件和最终报价，从采购小组推荐的成交候选人中确定成交供应商。

4. 单一来源采购，是指与某一特定的供应商，就采购物资进行谈判,供应商按照采购文件的要求提交报价文件和最终报价。

5. 询价采购,是指发布询价公告或向供应商发出询价通知书,要求供应商一次报出不得更改的价格,在报价基础上进行比较并确定成交供应商。

6. 网上竞价采购,是指以采购公告方式发布采购信息,要求供应商在规定的时间内,在指定的采购平台上公开竞价,按照有效报价最低的原则确定成交供应商。

7. 电商采购,是指在国铁集团指定的采购平台上进行选购、直接下达订单的方式。

8. 直接采购,是指与某一特定的供应商直接签订采购合同或直接购买的方式。

二、公开采购与非公开采购

1. 公开采购是指以采购公告方式邀请不特定的法人或其他组织参与的公开招标、竞争性谈判采购、询价采购、网上竞价采购等采购方式,以及电商采购。

2. 非公开采购是指以邀请特定法人或其他组织参与的邀请招标、竞争性谈判采购、单一来源采购、询价采购、直接采购等采购方式。

第三节　采购的实施及流程

一、采购实施

1. 采购项目应在采购资金或资金来源已经落实后进行,

物资采购部门应核实资金落实情况并在采购文件中如实载明，资金未落实的项目不得采购。

2. 物资采购部门应组织编制采购方案，生产经营物资采购方案根据需求计划、投资计划编制，建设物资采购方案根据施工组织设计安排编制。

采购方案包括采购范围、采购方式、包件划分、估算价或最高限价、资格条件、交货期、支付方式、采购时间安排、技术条件、评审方法、评标委员会或采购小组构成、交易平台（场所）等。

3. 采购方案中的技术条件应使用国铁集团统一公布的采购技术规范，未公布采购技术规范的使用国铁集团技术标准或标准性技术文件，国铁集团技术标准或标准性技术文件没有明确规定的，可采用现行行业标准、国家标准或国际标准的技术要求。

技术条件应由相关部门根据专业分工负责组织审查，技术条件复杂的可组织专题会议审查。

4. 采购中的关键环节和主要事项应分级履行集体决策程序：

（1）属于“三重一大”议事范围的采购事项及采购项目，按规定程序提交审议；

（2）“三重一大”议事范围以外的非公开采购项目，且采购物资单项合同估算价在 200 万元（国铁集团标准）人民币及以上的，采购方案由物资管理领导小组进行决策；

（3）采购物资单项合同估算价在 200 万元（国铁集团标

准)人民币以下的非公开采购项目,采购方案由物资管理部门组织审批;

(4)公开采购方式需要转换为非公开采购方式的,或其他需要进行决策和审批的事项及采购项目,按上述(1)~(3)的层级履行。

二、采购流程

(一)公开招标和邀请招标

公开招标和邀请招标流程应按照相关法律法规和有关规定实施。

(二)竞争性谈判和单一来源采购

1. 编制采购文件。

2. 发出采购邀请,公开竞争性谈判应发布采购公告。

3. 供应商按照采购文件的要求提交报价文件。

4. 采购小组与供应商就采购物资进行多轮次谈判,并撰写谈判报告。

5. 从采购小组推荐的成交候选人中确定成交供应商并发出成交通知书,公开竞争性谈判在发出成交通知书前还应公示采购结果。

(三)询价采购

1. 公开询价采购应发布询价公告,非公开询价采购应选择三家及以上供应商并向其发出询价通知书。

2. 供应商根据询价公告或询价通知书,在规定时间内一次报出不得更改的价格。

3. 根据报价结果确定成交供应商并发出成交通知书,公开询价采购在发出成交通知书前还应公示询价结果。

4. 如询价不成功应重新组织询价采购或转为其他方式采购。

(四)网上竞价采购

1. 发布网上竞价采购公告。

2. 对在采购平台上注册并响应竞价的供应商进行资格审查。

3. 通过审查的供应商在规定时间内公开竞价。

4. 公示竞价结果,确定成交供应商并发出成交通知书。

5. 如竞价不成功应发布重新竞价公告或转为其他方式采购。

(五)电商采购

电商采购按照国铁采购平台规定流程实施。

(六)直接采购

直接采购根据具体情况可直接组织合同谈判、签订采购合同,也可直接进行购买。

三、采购合同

1. 物资采购合同应以合同书方式规范签订。合同的标的、价款、履行期限、质量要求、违约责任等主要条款应当与采购文件和供应商响应的内容保持一致。合同签订单位不得与供应商另行签订背离合同实质性内容的其他协议。

国铁集团集中采购及利用国外贷款的物资采购合同由国铁集团组织签订，国铁集团组织联合采购的物资采购合同由相关铁路局集团公司负责签订。

2. 合同签订单位不得擅自变更、转让、中止或终止合同，需要追加与合同标的物相同的物资时，在不改变合同其他条款的前提下，可以与供应商协商签订补充合同，补充合同应在原始合同有效期内签订，补充采购金额累计不得超过原始合同采购金额的10%。

3. 物资采购部门应建立采购档案（包括电子档案），全过程记录采购活动，采购档案应具有全程可追溯性。

(1)永久档案。包括采购相关文件、采购过程资料、中标（成交）人递交的文件、合同及其他重要的采购资料，所有的投标（报价）电子文件。按规定移交档案管理部门管理。

(2)其他资料。非中标（成交）的供应商递交的文件，由物资采购部门自行管理，保存期限不低于3年。

第四节 价格管理

价格管理的主要内容包括对物资价格工作的组织管理，完善价格形成、监测分析、信息共享等机制，规范价格管理业务流程，开展价格信息共享，提高价格管理水平。

物资管理部门不断健全交易价格归集和分析机制，及时采集重点物资的交易价格，分析交易价格变化规律。组织调查、监测市场主要材料价格变化情况，分析价格变化趋势。根据生产经营和建设需要，开展成本写实，对不合理价格因素进行分析，采取有针对性措施，引导价格回归合理区间。

物资采购部门根据市场情况、技术条件等因素，制定物资采购最高限价，发挥价格指导、控制作用。

物资使用单位充分利用国铁集团建立的物资采购价格信息库，规范价格源头信息采集和价格信息发布，形成价格信息交换与共享机制，为物资交易提供参考依据。

第四章　仓 储 管 理

第一节　术语及定义

1. 仓储物资：指铁路物资中适用于仓储管理的物资，包括新物资、旧物资、报废物资。

2. 新物资：已到达且未经使用的物资。

3. 旧物资：经使用撤换产生的，可直接再用或经加工修复及技术鉴定后可重新使用的物资。

4. 报废物资：已丧失原有使用功能或使用条件，经过回收、转化利用和处置，能够获得残余价值的物资。

5. 重要物资：对安全生产、工程质量具有重要影响的物资。

6. 仓储设施设备：仓储建筑物及各种仓储机具的总称。

7. 库区：由一处或若干处仓库及配套设施组成的区域。

8. 作业区：库区内进行物资收发、储存、装卸、搬运、加工等作业的区域。

9. 辅助作业区：库区内存放、保养、维护作业设备和存放废弃包装物的区域。

10. 仓库：储存各种物资及进行相应作业的建筑物或场所，包括库房、料棚、露天料场。运输站段必须设置与其生产需求相匹配的物资仓库，其他有物资收发作业的单位应设置物资仓库。

11. 立体库：由高层货架、堆垛设备、输送机、控制系统和计算机管理系统等构成，可以在计算机系统控制下完成单元货物自动存取作业的仓库。

12. 工位存料点：在作业现场设置的物资存放区域。

13. 仓储管理：是对仓储物资进行收发作业及保管保养等活动的总称，是各运输站段物资管理工作的重要组成部分。

14. 物资到库：物资到达后进行的到货确认、卸货作业等活动的总称。

15. 物资验收：依据采购合同、采购订单及有关技术要求，按照一定程序、方法对已完成到货确认的物资进行数量和质量核对查验等活动的总称。

16. 物资入库：将完成验收的物资分区分类查点、存放、标识，进行实物交接、账务处理、单据传递、凭证归档等活动的总称。

17. 物资保管保养：将物资存放在适宜场所和位置，提供良好的保管条件和环境，进行科学保养和维护，掌控收发存信息、监控物资理化状态，传递和留存有关技术证件和单据凭证等活动的总称。

18. 物资出库：仓储物资发出时所进行的验证、配料、复核、包装、点交、单据凭证填制和传递、账项处理等活动的总称。

19. 仓储管理技术：对物资收发作业保管保养等活动进

行计划、组织、协调、控制与监督的方法的总称。

20. 循环盘点法:按物资储存方式,将仓储物资划分为若干区域,并按周期进行盘点的方法。

21. 动态盘点法:在出、入库的同时进行盘点的方法,也称永续盘点法。

22. 重点盘点法:对易损耗、危害大、价值高的物资进行盘点的方法。

23. 全面盘点法:对所有仓储物资进行逐一盘点的方法。

24. 储备定额:为保障企业生产,综合考虑物资的制造、采购、运输、消耗等因素,所设定的必需且经济合理的物资储存数量标准。

25.“四号”定位:用四个号码确定一个货位的仓库货位编码方法。四个号码是:库号(库房、料棚或露天货区代号)、架号(货架或货垛代号)、层号(货架层次代号或排号)、位号(层次内或排内货位代号)。

26.“五五”堆码:以“五”为基本计数单位的物资堆码方法。根据物资的不同特点,在摆放时每层、每行、每垛数量力求以“五”或其整倍数堆码。

27. 固定货位:只能存放某一品种规格物资,不能存放其他物资的货位。

28. 随机货位:可以存放任何一种物资(相互有不良影响的除外)的货位。

29. ABC 分类:将仓储物资按照重要程度分为 A 类(特别重要)、B 类(一般重要)、C 类(不重要)三个等级,根据不同等级进行分类管控。

30. 验收记录：记录到库物资名称、品牌、规格型号、数量、质量、技术证件等验收信息的纸质或电子资料。

31. 技术证件：由生产单位或检验检测、质量监督机构出具，附于产品或产品包装上，记录物资生产信息、材质信息、质量信息、建造情况、第三方检验证明、复检情况、使用说明、附属物清单等证明材料的总称。

32. 仓储管理人员：仓库内从事与物资仓储作业管理有关的一线操作人员的统称（包括直接从事物资出入库、分拣、理货等工作的人员，不含装卸工）。

第二节　铁路物资仓储管理技术要求

一、仓储设施设备的配置与布局

(一)库区选址

考虑区位、交通、储存物资的类别与周转数量等因素，依据安全、实用、经济等原则，结合环保、消防、地质、气候、配套设施等条件，进行综合评价，确定选址及规模。

(二)库区布局

应根据选址自然条件、仓库功能、物资储存特性、分拣配送模式、作业流程及安全防护等因素，合理规划库区内的作业区、辅助作业区、办公区、停车场、专用线、库区出入口及通道位置,做到布局合理、安全高效、绿色节约。

(三)库区建设

库区建设应考虑物资储存周期和规模,根据物资的种类、来源、存放形式等因素合理设计。有物资收发作业的单位均应设立与其生产需求相匹配的仓库。

1. 应视作业需要配置升降、起重设备和计量装置。应配备报废物资处置所需检斤计重设备,并定期做好设备计量校准工作。

2. 在库区收发作业通道、作业区及仓库的验收区、收发作业区域应安装视频监控装置,视频监控同时覆盖消防重点位置和门窗处。有条件的仓库应安装全覆盖视频监控装置。

3. 库区用电应实行分区分路控制。应充分考虑库区的防火等安全设施和日常维护保养物资的便利性。

4. 应合理规划库区地面荷载、排水系统的设计参数与位置。

5. 单体仓库的新建、改建和扩建相关设计参数及结构应符合 GB/T 28581—2021、GB 51157—2016 的相关规定。

(四)仓库布局

1. 仓库应设置收料区、储存区、配发区、待处理区、不合格品区。各区域之间应视实际情况设置分隔标识,在保证作业质量的情况下,部分区域可共用。

2. 应考虑物资周转量大小、体积、笨重程度及作业方法,合理设置仓库通道。

3. 物资不应占用仓库通道。

(五)仓库标识

仓库应配置铭牌、警示标识、区域标识牌、区域隔离带(分区标线)、料架编码牌、料签等。

(六)仓储设备配置与管理

1. 应遵循必要、足够的原则,根据储存物资的技术性能、质量要求、周转量大小和当地气候条件等因素,按照“十防措施”要求配置相关仓储设备。

“十防措施”是指防锈、防腐、防潮、防毒、防火、防爆、防盗、防震、防机械损伤、防虫蛀鼠咬的措施。

2. 仓储设备应定置存放、专人保管,不应占用仓库通道。

3. 应设立并动态维护仓储设备保管使用台账。

4. 应健全仓储设备使用、养护、检查、维修制度,保持设备状态良好,保障作业安全规范。

5. 国家对仓储设备的管理有明确规定的,从其规定。

二、仓储管理作业技术要求

(一)物资到库

1. 接卸准备

接到物资到达信息后,应及时组织场地预留、人员值守,涉及机械作业的,做好司乘准备。

2. 到货确认

仓库管理员应按分区分类要求组织卸货码放，填制到货确认单，与送货方办理交接手续；发生包装破损的，应书面记录破损情况并与送货方共同签认，同时留存包装破损相关影像记录。

3. 到货确认单

到货确认单内容应包括件数、交接日期、车号或运输单号（如快递单号）、发货地址、承运商名称、外包装情况、破损件数、交接人员签章等。

（二）物资验收

1. 验收准备

物资验收应实行 2 人及以上联合验收：

（1）提前准备到货物资的采购合同或采购订单及其他有效交接资料；

（2）提前做好相应作业人员、所需设备和计量器具的准备，并提前联系联合验收人员；

（3）安装影像记录设备的仓库，应确认影像记录设备状态良好。

2. 验收时间

待验物资具备验收条件后应及时启动验收。金属材料及制品验收不超过 3 个工作日；需理化检验的物资验收不超过 7 个工作日；其他物资验收不超过 1 个工作日；批量大或技术条件复杂的、需内部复验或交第三方检测的，在履行规定程序后可酌情延长验收时间。

3. 数量验收

根据采购合同或采购订单对待验物资进行外观数量验收。

(1)应核对物资的物资名称、品牌、规格型号、计量单位、数量、材质等;检查物资的包装和外观状况。

(2)成套交货的物资应查点主体、零部件、附件及工具备品等。

(3)计重物资应按实际重量验收并记录毛重、皮重和净重;以理论换算计重交货的物资,按规定换算计重验收,并应记录换算依据、尺寸和件数,涉及体积与质量间换算的应记录密度、温度和体积等。

(4)计件物资应全部清点件数,若规格相同,可采用“检斤计数”;定量包装的计重、计件物资宜抽检5%～15%。

4. 质量验收

质量验收依据包括采购合同、采购订单,以及采购合同明确的国家、行业或企业有关技术标准及技术要求等。

(1)检查技术证件是否齐全有效,检查保质期限;需要开箱和拆件时,应保证不损坏物资本身。进口物资应附有原产地证明、报关单等相关资料原件或加盖供应商公章(合同章)的影印件。

(2)需做理化、机械性能等内在质量检验时,应由技术检验部门实施。

(3)根据验收实际需要或出现质量异议时,可委托具备资质的第三方检验机构实施检验,并出具质量检验报告。

(4)抽检比例应以合同约定为准,合同没有明确约定的,应参照 GB/T 2828.1 的程序、方法,结合物资特性和实际管理需要,设定合理的抽检比例。

5. 验收记录

(1)验收期间,应做好单据、实物交接及验收记录。遇破损或其他应与供应商交涉事项,应进行影像记录。具备条件的应做好实物交接全过程影像记录。验收记录应使用信息系统进行管理。

(2)验收记录内容应包括采购合同编号或采购订单号、物资编码、物资名称、品牌、规格型号、计量单位、合同或订单数量、实收数量、供应商、到货日期、验收日期、保质期限、质量情况、验收结论、差异及退换货情况、验收人员签章等。重要物资还应记录生产商、生产日期等情况。

(3)到货物资需数量换算的,应填制换算记录单,以铁路物资目录对应的标准计量单位进行换算,并由交接双方共同确认换算系数。

(4)对成套交货物资的附件应按附件清单验收,并填制附件验收清单。

(5)对数量、质量、技术证件方面存在问题的物资,应填制验收问题处理记录单并由验收人员签认。

6. 验收问题处理

(1)到货物资出现数量差异或质量问题时,应及时与供应商交涉处理。

(2)待处理物资应保持原状、单独存放并显著标识,妥善保管,防止混杂、丢失和损坏。

(三)物资入库

1. 物资验收合格后,仓库管理员应依据验收记录、换算记录单、附件验收清单等验收交接凭证填制入库单,办理收料登账手续。技术证件随料办理交接。

2. 未通过验收、验收记录不全、技术证件不全的物资,不应办理入库手续。

3. 入库单内容应包括采购合同编号或采购订单号、物资编码、物资名称、规格型号、计量单位、数量、入库日期、入库单编号、用料地区、库位名称、来源方式及渠道、单价、金额、运杂费用、税额及税率、交料人员签章、收料人员签章等。入库单应分清价款及运杂费用,不同计量单位换算时应同步折算。

4. 入库物资应按照既定区域分类堆码并配置料签。不同批次及不同生产日期的物资应分别标识。

5. 仓库管理员应及时将入库单交财务管理部门进行账务处理,确保账实相符。

6. 对直接配送至生产现场的物资,物资管理部门应组织现场人员事先选择适宜地点,并留存验收影像资料。验收交接后,交接单及影像资料应及时回送物资管理部门。物资管理部门凭交接单及影像资料办理入库手续。

7. 入库物资均应建账管理。除经财务管理部门审核确认纳入数量台账管理的物资外，其他入库物资均应实施价值管理。

(四)保管保养

1. 物资应按铁路物资类别有序存放在相应的库房、料棚和露天料场；库内不应存放私人物品。

2. 收发稳定的物资可存放于固定货位，其他物资可存放在收发作业方便的随机货位。配套物资宜邻近存放。

3. 已配待发物资、待处理物资应划区分开，不应与正常仓储物资混存。

4. 物资保管环境应保持整洁，做到封闭库房内物资及设施设备无积尘、污垢，库区无杂草，垃圾及时清运。

5. 物资存放应正确、整齐、安全稳固、合理苫垫、查点方便、料签齐全、标志明显。对不同批次到货的同一物资宜通过堆码区分。有保质期限的物资应进行标示。物资存放货位应实行“四号”定位，物资宜“五五”堆码。

6. 物资堆码应根据技术特性、数量、包装储运图示标志，采取相应的堆码方式和层高。平面仓库堆码应做到定量整齐、堆码稳固，分垛存放的物品每垛占地面积不宜大于 100 m^2。

7. 立体库高层货架上架物资应固定，不应超出货架及托盘边缘，不应超过货架安全负荷量。

8. 对需防锈、防潮等养护的物资，库房和料棚的料架或托盘底层宜保持 0.2～0.3 m 垫高，露天料场货垛底层宜垫高

0.3～0.5 m,同时考虑地势及防汛要求。

9. 库房内堆放物品应满足以下要求：

(1)堆垛上部与楼板、平屋顶之间的距离不小于 0.3 m(人字屋架从横梁算起)；

(2)物品与照明灯之间的距离不小于 0.5 m；

(3)物品与墙之间的距离不小于 0.5 m；

(4)物品堆垛与柱之间的距离不小于 0.3 m；

(5)物品堆垛与堆垛之间的距离不小于 1 m。

10. 应考虑仓储物资本身自然属性和外界因素影响,安排适当的保管场所,采用科学的养护方法,分类实施保管保养。入库时应确定保养方法和保养周期并定期检查、按期养护。

11. 仓储物资保管保养应避免产生损伤、锈蚀、过期、变质等管理损失。保管需要温湿度调节的精密仪器、橡塑产品等物资时,应有温湿度控制保障措施。

12. 应定期开展物资清查,每年至少清查一次,确保仓储物资底数清晰、账实一致。物资清查应采用全面盘点法对仓储物资逐一实施清点。

13. 物资盘点可采用动态盘点法和循环盘点法相结合的方式进行。有动态的宜采用动态盘点法,无动态的宜按计划进行循环盘点。应明确重点盘点法适用物资范围目录,目录内物资应增加盘点频次。

14. 仓库管理员每月应按照“六查”内容认真盘点库存,6 个月内应全库循环盘点完成一次,每月盘点工作量应均衡安排。盘点记录应由仓库管理负责人签署意见后妥善保存，发现账实不符等问题应及时规范处理。

“六查”是指查数量、查质量、查保管方法、查计量工具、查安全、查技证。

15. 仓库管理负责人应定期抽查保管保养工作质量并留存检查记录。

(五)物资出库

1. 接到物资有效申领凭证后，逐项核对申领凭证中物资名称、规格型号、材质等是否正确，是否在库存范围内。核对无误后应根据物资申领凭证备料。

2. 有效申领凭证内容应包括物资编码、物资名称、规格型号、计量单位、数量、发料日期、凭证编号、单位名称、领料地区、领料单位(部门)、发料仓库名称、单价、金额、财务核算项目和科目、用料设备、部件号、请领人员签章、收料人员签章、仓库管理员签章等。整车配发物资应标记车号。直发物资应注明品牌和供应商名称。

3. 备料后需包装的出库物资，应选择合适的包装材料或包装模具。

4. 物资出库应做到凭证齐全、手续齐备、数量准确、质量完好、包装牢固、标志清晰。有效申领凭证记载信息应齐全准确，否则应拒绝出库。

5. 物资出库应执行“三检查三核对”，避免错发。

“三检查”是指物资配发备料时，检查有效申领凭证是否正确无误，检查发出物资的物资编码、物资名称、规格型号、数量是否与有效申领凭证相符，检查应附技术证件和有关凭证是否齐全；“三核对”是指物资出库交接时，进行有效申领凭证与账卡核对、有效申领凭证与发出实物核对、结存实物与账卡核对。

6. 物资领发时，仓库管理员应与领料人当面点交清楚并在凭证上共同签认。物资出库后，仓库管理员要及时传递凭证交财务管理部门进行账务处理，确保账实相符。

7. 物资出库应坚持有权领料，仅有权领料人或其授权人可申领物资。

8. 物资出库应坚持先进先出，有保质期限的物资应在保质期限前发放。

9. 物资出库应坚持限（定）额领发，不应擅自超额发放物资。

10. 物资出库应坚持退旧（废）领新。对不能立即退旧的物资，事后应及时组织旧品补交。

11. 易燃、易爆、有毒、有害等危险品应由保管单位制定相应发放作业流程，保证作业安全。

12. 对行车救援、防洪抢险等应急物资，经批准可先发料后补手续。

13. 物资合格证、监造证等重要技术证件原件应由仓库保管，其复印件和其他技术证件原件应做到“证随物走”。

14. 对于使用频次较高且易混淆的小型零部件，配发出库时宜使用定置式配送器具。

15. 视生产需要可在作业区域设置工位存料点。工位存料点应限定储备品种和额度、实行领用登记、定期盘点、及时补充。

(六)退库管理

1. 物资退库应填制退料单并由交接人员签认。

2. 退库物资入库时应做好接收查验工作,收回相关技术证件。

3. 对已领未用物资,每季度末应及时办理退库手续。对于30日内需继续使用的物资可在退料单、有效申领凭证上单独标记后仅做账务处理,不做实物退库处理。

(七)装卸搬运

1. 装卸搬运作业前,应检查装卸搬运设备及机具。不应使用有安全隐患的设备及机具。

2. 装卸搬运作业时,应按物资特性和包装物指示标志要求进行操作,不应野蛮装卸,乱堆乱码;不应以大压小,以重压轻,混杂乱放,避免因作业不当造成物资损失。

3. 装卸搬运作业时,仓库管理员应监督作业过程。

4. 易燃易爆品装卸搬运、收发作业时,应使用具有防爆性能的装卸机具,防止产生火花。

5. 危险品或有毒有害物资装卸搬运作业时,作业人员应使用相应的防护用品及工具。

(八)包装物管理

1. 包装物应在辅助作业区集中存放。

2. 可循环使用的铁箱、木箱、减震填充物等包装物应循环使用。

3. 对失去循环利用价值的包装物，具有处置价值的，应作为报废物资实施变现处置；其他包装物应作为工业垃圾实施规范处置。有毒有害的包装物应单独存放、登记并按照环保要求处置。

(九)旧物资管理

1. 对有价值管理要求的旧物资，应按规定价值或公允价值点收入库；其他旧物资应点收后实施数量台账管理。

2. 对新产生的旧轨料应及时收集整理，实行区域性集中存放。

3. 旧物资应根据交接单据进行接收查验。其中，修旧利废品还应附修竣验收证明文件。交接单据内容应包括物资编码、物资名称、规格型号、计量单位、交接数量、交接日期、地点、单价、交接人员签章等。交接双方应对实物清点确认无误后办理交接手续。

4. 实施数量管理的旧物资应按交接单据载明数量登记台账。

(十)报废物资管理

1. 对未按规定履行判废手续的物资不应接收入库。

2. 对有价值管理要求的报废物资,应按规定价值或公允价值点收入库;其他报废物资应点收后实施数量台账管理。

3. 报废物资应根据交接单据进行接收查验。

4. 报废物资应按重量(含换算重量)计量。对不便精确计重点收的物资,可以其暂估重量计重点收。

5. 实施数量管理的报废物资应按交接单据载明数量登记台账。

6. 对废铁屑、废边角料等零星报废物资,应在作业现场设回收点。

7. 报废物资出库交付时应做好联控监督,参与监装监发的部门不应少于 2 个。交易金额较大时,参与人数不应少于 3 人。

8. 报废物资的出库计重应优先在本单位完成;本单位不具备条件的,在经双方认可、具备资质的第三方进行。计重结果应书面记录并由交易双方签认,作为交易结算依据。

9. 报废物资出库交付应填制交付记录单,由全体参与人员签字确认并妥善留存。

三、基础管理

1. 仓库管理技术档案,包括各种账卡、单据、凭证、统计资料及报表等,应根据档案管理的规定按月(季、年)分类装订成册,妥善保管,便于存查。

2. 重要物资技术证件,验收合格后原件应单独造册留存。仓储物资技术证件无法随料保管的应采取凭证式保管。

3. 仓库应设置反映仓库总体布局、主要作业流程及标准、岗位责任、安全措施、廉政警示等内容的揭示牌。

4. 货架上应设置料签，料签内容应包括物资编码、物资名称、规格型号、计量单位、“四号”定位、ABC 分类、最高储备数量、最低储备数量。

5. 消耗规律稳定的物资应核定最高和最低储备数量；消耗无规律、供应困难且影响安全生产秩序的物资应有最低储备。

6. 应统筹考虑物资储备经济性和供应安全性，设定合理储备定额。应根据消耗规律、采供周期、季节变化等因素动态调整储备定额。

7. 代储物资不纳入库存统计，每月应与供应商对账确认。代储物资的保管保养技术要求按照自有仓储物资执行。

代储物资是指供应商按照约定为需方储备，由需方负责仓储管理的物资。

8. 仓库管理人员配置应满足仓储作业需求。仓库管理人员应有明确的岗位责任，应掌握物资仓储管理技术。

9. 仓库管理人员应达到“三懂、三会、三过硬”的基本业务要求。

“三懂”是指懂物资名称、规格、性能、用途，懂业务手续，懂消耗规律；“三会”是指会换算、会保管保养、会识别常用的标记符号；“三过硬”是指运用信息系统过硬、使用度量衡过硬、执行规章制度过硬。

10. 仓库管理人员上岗前应进行岗位业务培训。有持证上岗要求的,应在取得相关资证后持证上岗。应定期对在岗人员进行业务培训、考核。

11. 仓库管理人员离岗前应办妥交接手续。

四、安全管理

1. 应制定仓库安全风险防控措施及应急响应预案。

2. 库区应做好防火防盗防破坏工作。保卫部门应每天定时巡查库区,查看是否存在安全隐患;仓库管理员每日上下班应检查门窗封锁有无异状。

3. 库区内设施设备应定期保养,作业时应遵守设备安全操作规程。

4. 库区内应严格管理火种及火源,设立醒目的"严禁烟火"标志。作业区和辅助作业区内不应吸烟,不应带火种。

5. 库房内不应使用明火。库房外动用明火作业时,应办理动火证并采取严格的安全措施。动火证应当注明动火地点、时间、动火人、现场监护人、批准人和防火措施等内容。

6. 当库区内确需进行焊接、切割作业时,应严格隔离并设专人防护。

7. 库区内应设消防通道并保持畅通。应根据储存物资的性质按照 GB 50016 及 GB 50222 的相关规定配足相应的消防器材,由专人管理、定期检查、保持质量良好。仓库管理人员应正确掌握消防器材的使用方法。

8. 库区内的装卸搬运、保管保养工机具须充电使用时,应按照 GB 51157—2016 中 9.9 的规定设置充电区。充电区应有醒目的安全标志,周围不应堆放可燃、易燃物资。应严格控制设备充电时间,充电完成后应及时断开电源。不应在库区内私自使用电器。

9. 剧毒、易燃、易爆等危险品应设专库管理。危险品专库应设置醒目的安全警示标志、加挂双锁、双人收发、作业完毕后应及时锁闭。遇潮或受阳光照射容易燃烧或产生易燃、易爆、有毒气体的危险品,不应在料棚、露天存放。

10. 仓库电源总开关、保险装置应设在库外,并配备符合规定的开关箱。仓库照明管理应做到人走灯灭,危险品仓库应使用防爆灯具。

第三节 仓储信息化与分库制管理

铁路运输站段应规范使用铁路物资管理信息系统实施物资分库制管理,确保所有仓库信息化运用全覆盖。

一、分库制管理定义

分库制管理指车间、班组物资仓库作为各单位段(站)级物资仓库的分支仓库,所储存物资的数量和金额纳入本单位物资库存总量(额)实施管理,物资从车间、班组库领用、出库后方可列支的库存管理方式。车间、班组库是各单位物资仓库的重要组成部分,与段(站)级仓库实施同等管理。

二、分库制在信息系统中的应用

各单位在铁路物资管理信息系统中设置与段(站)库同级

的车间、班组分库，对分库物资实施规范收支存管理。物资到达并组织验收合格后，按规定时间在系统中签认点收入库，段(站)、车间、班组库之间根据生产需要进行物资库间调拨，物资真实消耗后及时列账，以杜绝“以领代支”产生的“账外料”。对不具备使用物资系统条件的个别班组，实时手工记录物资实际领用、消耗及库存情况，每周(月)末由车间代为履行物资系统操作职责。

三、分库制管理的实施

各单位建立“材料科(物资管理部门)-生产车间-用料班组”逐级负责制仓储管理模式。材料科(物资管理部门)负责全段(站)物资归口管理，负责开展车间、班组物资管理培训、监督、指导，组织现场盘点、数据分析、库存优化等各项工作的开展；各生产车间负责本车间生产物资归口管理，对所属物资仓库进行全方位管理，根据物资消耗情况合理提报需求计划，在库存控制、闲置物资内部调剂等工作中落实主体责任；各班组负责领用物资的终末管理，及时在系统中维护物资动态。

四、工位存料点的设置

视生产需要可在作业现场设置工位存料点(在作业现场设置的物资存放区域，主要储存作业所需、使用频次较高的配件和辅料等)，工位存料点应限定储备品种和额度，实行领用登记、定期盘点。工位存料点不属于仓库范畴，但所存放物资应纳入物资系统班组库管理。

第四节　存量物资网运用

存量物资网(以下简称存量网)为铁路物资管理信息系统子系统,由国铁集团统建,主要功能是清查并动态管理存量物资,反映各单位存量物资运用动态,辅助完善存量物资管理机制。

一、物资清查

各铁路局集团公司组织开展年度物资清查工作,清查基准日为每年 12 月 31 日,清查结果录入存量网。

1. 存量网物资清查功能主要包括债权物资、报废物资、在账流资、其他流资、工程备品备件、高价互换配件、办公用品及设备(固定资产范畴)等七类存量物资清查账实数据的录入、审核、存储、查询、统计和分析。

2. 存量网清查数据应反映存量物资的债权、新、旧、废等四类形态和价值状态、处置建议。其中,“债权”是指已签订物资采购合同且财务管理部门已列账但实物尚未到货或尚未完成验收;“新”是指物资已验收合格且未使用;“旧”是指物资已经使用、清查时未正常在用且未报废(如旧轨料);“废”是指物资已报废且具备转化再利用或处置价值。

3. 年度清查结果数据应及时录入存量网并妥善保存,清查结果数据的提报、梳理与核实确认工作应于次年 1 月底前完成。清查结果数据核实确认工作结束后,对存量网内保存的基于清查基准日的本次清查结果数据,各单位应及时进行清查盈亏分析和会计盈亏确认处理，相关工作应于清查结果数据核实确认后一个月内完成。清查最终会计盈亏处理结果、清查基准日至平账处理日之间的存量物资数据处理去向和最终变动结果应在存量网如实反映。

二、动态管理

存量网动态管理功能包括存量物资动态结果反映和动态数据分析运用。

1. 存量物资动态结果在存量网分两种形式反映：

(1)债权物资、工程备品备件和办公用品及设备应在存量网内部实施数据更新管理并同步反映动态结果。

(2)报废物资、在账流资(含转入的其他流资)和高价互换配件应在存量网外部相关信息系统实现数据更新管理，通过信息定期交互方式将动态结果自动推送至存量网。其中，高价互换配件动态结果应源于相关财会信息系统，其余物资动态结果应源于铁路物资管理信息系统。

2. 各单位应按照“谁保管、谁负责”的原则明确存量物资数据更新工作责任主体，落实数据更新管理职责。其中，在存量网内部实现数据更新的物资应于每月 25 日定期更新一次存量结果数据，定期更新日与法定节假日等非工作日重合的，在其后首个工作日更新，具备条件的应据实同步更新。包括：

(1)对于实物和账务管理分离的工程备品备件，其数据更新责任主体为受托管理单位相关实物保管部门，物资所有权单位(国铁控股合资铁路公司)应做好物资运用监督、账务核实确认等工作；

(2)办公用品及设备的数据更新责任主体为本单位相关固资实物保管部门；

(3)债权物资的数据更新责任主体为本单位相关物资采购合同执行部门。

三、日常运用

1. 运输站段应按照必需必要原则开设、维护存量网账户，授予必要管理权限并严格落实账户实名制管理，各单位存量网用户月登录运用次数不应少于 4 次。各单位应严格遵守国铁集团网络安全相关管理制度，落实存量网应用安全监督工作。

2. 运输站段应落实资产管理主体责任，健全相关财务管理制度，明确存量物资账实规范管理要求并严格执行。对实施价值管理的物资，严格账务核对，确保财务、物资和实物价值账项一致；对实施数量管理的物资，应先经财务管理部门审定，并确保物资和实物数量账项一致。已规范纳入数量账管理的存量物资不属账外物资。

3. 运输站段要将存量物资管理情况分析纳入日常经济活动分析，重点针对存量物资需求盲目、冗余采购、账实不符、闲置积压、周转效率低下等问题提出处理措施或建议，相关经济活动分析内容应逐月在存量网及时记录。

4. 运输站段应加大对报废物资和流动资产类旧品物资的账务规范管理力度，及时将其纳入物管系统实施价值或数量管理并在存量网如实反映，避免存量物资管理领域“账外料”“小金库”等违规问题发生。

第五节　存量物资库存控制标准

为进一步控制库存总体规模、降低库存资金占用成本、提升库存物资使用效率，国铁集团于 2021 年首次研究制定并公布《存量物资库存控制标准》(以下简称《标准》)，并逐年调整优化。

一、《标准》主要内容

(一)基本构成

《标准》由三部分构成：①库存总额控制标准；②分专业库存定额控制标准；③各专业分主要物资品类库存控制标准。

其中，标准一为总体标准，标准二、三为分类细化标准。标准一、二为分局别储备金额控制标准，标准三为储备数量控制标准且不区分局别。除特别注明情况外，《标准》所明确库存控制指标数值均指库存储备上限值。《标准》对应库存统计口径与铁路物资统计报表制度内“铁路主要物资收发存统计表”保持一致。

(二)实现路径

1. 分专业与分主要物资品类库存控制标准

一是由专业部门结合业务实践，分别研究明确库存控制与资产属性、检修任务量及周期、生产组织模式等主要影响要素间的量化关系，形成分专业库存控制定额标准。二是由专业部门依据本专业库存历史储备和消耗动态情况，明确分专业的主要物资品类范畴。同时，结合专业技规、修程修制等有关规定和要求，统筹考虑库存储备的经济合理性，形成分专业主要物资品类的库存控制定量标准。

2. 分局别库存总额控制标准

一是将库存划分为与运输工作量和主要基础设施保有体量相关两大类，分别明确各自对应库存范围及关联工作量数据。二是运用量比理念，结合历史库存数据，经模拟试算和优化完善，分别建立与运输工作量和基础设施相关的库存总额理论控制标准模型。三是结合预测年度工作量安排，依据相关控制标准模型得到库存总额理论控制目标。四是以理论控制目标为基础，结合分专业库存控制量算结果和各局管理实际，遵从鼓励先进、鞭策后进的理念，按照“标准就高、适度分阶、从严控制”原则，研究建立统一的统筹算法并最终确定库存总额实际控制目标。

二、相关要求

1. 铁路局集团公司物资部以年度库存周转率和《标准》明确的库存总额控制目标为导向，以督促落实《标准》为抓手，指导基层单位深入开展库存总额控制标准运用实践工作。

2. 铁路局集团公司专业部门对口指导本专业相关基层单位做好分专业与分主要物资品类库存控制标准的运用实践工作。

3. 各相关部门加强《标准》执行过程跟踪分析，及时总结经验、发现不足。要按职责分工做好《标准》实践数据的梳理记录工作，并组织提出《标准》完善意见与建议。

4. 各相关部门将工作责任明确到人，专业部门应按专业细化明确责任人员。物资部门要掌握相关人员清单，牵头建立沟通协作机制。各单位存量网系统管理人员应按要求做好相关人员账户的动态维护工作。

5. 铁路局集团公司在学习、落实《标准》的基础上，参鉴国铁集团立标思路，组织做好标准逐级分解细化与健全完善工作，按职责分工研究建立并完善本级及所属基层单位的库存控制细化标准，最终形成覆盖国铁集团、铁路局集团公司、所属基层单位的三级库存控制标准体系，进一步提升库存管理精细化水平。

第六节 物资调剂

一、概　　述

（一）相关定义

为盘活存量资产、提高资金使用效能，对铁路物资开展调剂工作。铁路物资调剂的对象主要包括闲置物资和随车配件两类。

1. 闲置物资是指两年以上无动态或未使用的铁路物资，以及不足两年但因技术条件发生变化等原因，本单位不需要继续使用的铁路物资。

2. 随车配件是指因移动装备转属造成转出单位已无使

用条件或可能闲置且应随整车一并调拨的配件。

3. 调剂物资应具备原有特性和使用功能，或经过简单修复、保养、改造，能够恢复原有特性和使用功能并在本局或全路范围内具备使用条件。铁路物资调剂坚持自下而上、先内后外的原则，努力实现全路整体利益最大化。

(二)工作职责

铁路局集团公司作为铁路物资调剂工作的责任主体，建立本铁路局集团公司铁路物资调剂制度，制定本铁路局集团公司闲置物资调剂方案并组织实施，开展随车配件调剂工作，执行国铁集团铁路物资调剂方案，履行调剂物资质量确认、验收、财务处理、铁路发运等具体工作职责。各级物资、财务和相关专业部门密切配合，共同做好铁路物资调剂工作。

1. 物资部门负责组织铁路物资清查，梳理铁路物资调剂信息；维护国铁集团物资调剂平台；根据专业部门、建设部门提出的调剂去向建议，负责组织制定铁路物资调剂方案并监督实施；协调监督随车配件调剂工作。

2. 财务部门负责对所调剂物资进行财务处理和资产核销工作，计提资产减值准备并调整、执行铁路运输企业盈亏目标。

3. 专业部门负责根据下属单位的调剂申请，组织提出闲置物资调剂去向建议，确定有偿调拨闲置物资的成新率；协调处理调剂双方有质量争议的物资。

4. 建设部门会同工电部门负责对调剂至基建项目的闲置物资提出去向建议。

二、闲置物资调剂

铁路局集团公司定期开展物资清查，并根据清查结果制定闲置物资内部调剂方案，优先组织实施局内调剂，铁路局集团公司内部无法调剂使用的，先行自主组织跨局调剂，物资调剂价值由调剂双方按照市场化原则确定。

(一)铁路局集团公司内部调剂

1. 铁路局集团公司专业部门、建设部、计统部根据各单位的申请，按照职责分工，结合生产建设需要、设备配属等情况，对申请调剂单位提出的调剂报告审签意见后，由申请调剂单位向铁路局集团公司物资部报告。

2. 铁路局集团公司物资部统筹制定闲置物资调剂方案，征求相关单位部门意见，经批准后下发调剂文件和“物资调剂通知单”；相关主管部门督促站段等单位开展调剂工作，按时完成调剂任务。

3. 调剂双方签订“交接签认单”，明确所调剂物资名称、规格型号、数量、调剂单价、交货地点、交货方式、物资验收、技证资料、质保资料移交等相关事宜。

(二)铁路局集团公司自主组织跨局调剂

铁路局集团公司专业等部门根据申请调剂单位的申请，结合生产建设需要、设备配属等情况，与拟调剂的铁路局集团公司进行沟通并达成初步调剂去向后，提出跨局调剂去向建议并反馈物资部。物资部统筹制定闲置物资跨局调剂方案，征求相关单位部门意见，经批准后下发调剂文件和“物资调剂通知单”，与铁路局集团公司相关业务部门共同督促站段等单位开展调剂工作，填写“交接签认单”，按时完成调剂任务。

(三)国铁集团组织调剂

1. 经内部调剂和自主组织跨局调剂后剩余的，铁路局集团公司可通过国铁集团物资调剂平台提出申请，由国铁集团组织调剂。

2. 根据各铁路局集团公司的申请，国铁集团专业部门、建设部门结合生产建设需要、设备配属等情况，提出调剂去向建议；国铁集团物资管理部在征求相关铁路局集团公司意见的基础上，统筹制定闲置物资调剂方案，经批准后下发调剂文件。

3. 铁路局集团公司根据国铁集团调剂文件组织实施铁路物资调剂工作，调剂双方应签订“交接签认单”，明确所调剂物资名称、规格型号、数量、调剂单价、交货地点、交货方式、物资验收、技证资料、质保资料移交等相关事宜，调出方同时开具物资调拨单随调剂物资一并转移。

4. 调剂双方对所调剂物资质量有争议的，由国铁集团专业部门协调后进行处置；所调剂物资质量安全责任界定以物资交接时点为分界线，完成交接后由调入方负责保管使用。调剂双方一致认为调剂物资存有质量问题，且确无修复价值或达到使用寿命期限的，可由调出方按规定办理报废并规范处置。

5. 调剂双方须在国铁集团调剂文件下发60日内完成调剂工作，调出方将结果通过物资调剂平台反馈至调入方，调入方通过物资调剂平台完成确认、签收。调剂物资原则上采用铁路运输，鼓励调出方视调剂物资具体情况合理选择中铁快运、中铁特货、中铁集装箱公司及铁路局集团公司的运输产品办理发运。

（四）其他规定

1. 闲置物资在国铁集团所属企业间（不含非全资所属企业）调剂，按照调剂文件下发之日账面价值20%折价，已出库闲置物资调剂之前，需按原出库价值做退库处理后再折价20%，折价部分由调出方作为资产损失处理，调入方按折价后的价值即调剂价值入账。涉及权益变动时，按有关程序处理。所发生的闲置物资装、卸、铁路运杂、修复、改造等支出按规定处理。

2. 涉及国铁控股合资铁路公司及非全资所属企业的物资调剂，原则上按闲置物资的公允价值处置。公允价值按调入或调出方同类物资的最近采购价及相应成新率确定，成新率按物资预计可使用年限与物资寿命年限比率由调剂双方机辆或工电部门共同确定。

3. 当公允价值难以取得时，购入时间超过3年的流动资产类物资可按账面价值20%折价后确定调剂价值，其他物资调剂价值按调剂文件下发之日的账面价值确定。

4. 公允价值与资产净额的差额或折价部分由调出方作

为资产损失或收入处理，调入方按公允价值或调剂价值入账。所发生的闲置物资装、卸、铁路运杂、修复、改造、税费等支出按规定处理。

5. 调剂过程中产生的装、卸、铁路运杂费等费用由调出方承担；需修复物资由调出方修复后调剂且修复成本由调出方承担；高价互换配件保养费用由调出方承担；需改造物资由调入方负责技术改造并承担相应费用。为减少无效修理，需要修复、保养的物资，调出方应先行落实修复、保养费用，调入方根据生产需要提出发货需求。改造费用承担主体及因修复保养延迟发货等有关事项，调剂双方可协商确定并应签订协议予以明确。

三、随车配件调剂

随车配件调剂根据国铁集团移动装备转属文件按次组织，配件随整车同步调剂。

1. 调出方根据国铁集团转属文件确定的移动装备型号和数量，结合适用配件的存量情况，经与调入方协商一致后，确定随车配件清单。清单的内容主要包括：物资编码、名称、规格型号、计量单位、数量、单价、适用机型车型、软硬件版本、购入日期、生产厂家、调入方等。

2. 随车配件调剂数量按照不高于调出方该型装备转属与原保有数量比例的原则确定，调出方有保留配件的优先权。当调出方不再保有该型装备时，相应配件必须全部调出。双方有争议时，由国铁集团物资管理部与机辆部、工电部共同协调解决。

3. 调出方将经过确认的随车配件清单通过国铁集团物资调剂平台进行备案，备案后的随车配件清单作为调剂双方实施调剂的依据。调剂双方须在国铁集团移动装备转属文件下发后随整车同步完成随车配件调剂工作并签认“交接签认单”。调出方将“交接签认单”扫描上传至国铁集团物资调剂平台，调入方通过该调剂平台进行确认。

4. 随车配件的调剂价值按照移动装备转属文件下发之日的账面价值确定，所发生的费用承担主体及账务处理同上。

四、相关要求

国铁集团下发铁路物资调剂或移动装备转属文件后，调入方无故不接收、调出方未随整车同步开展配件随车调剂或未履行调剂物资修复、保养责任的，视情节进行全路通报批评；因调入或调出方责任造成资产损失和严重不良后果的，严肃追究责任。

为加强闲置物资管理，优化物资库存结构，提高资金周转效率，国铁集团按照“去库存、遏增量”的原则，于 2022 年末制定下达动车组随车配件调拨定额标准，进一步强化闲置物资源头控制。

第七节　运输站段物资仓储管理工作流程

运输站段物资仓储管理工作流程如图 4-1 所示。

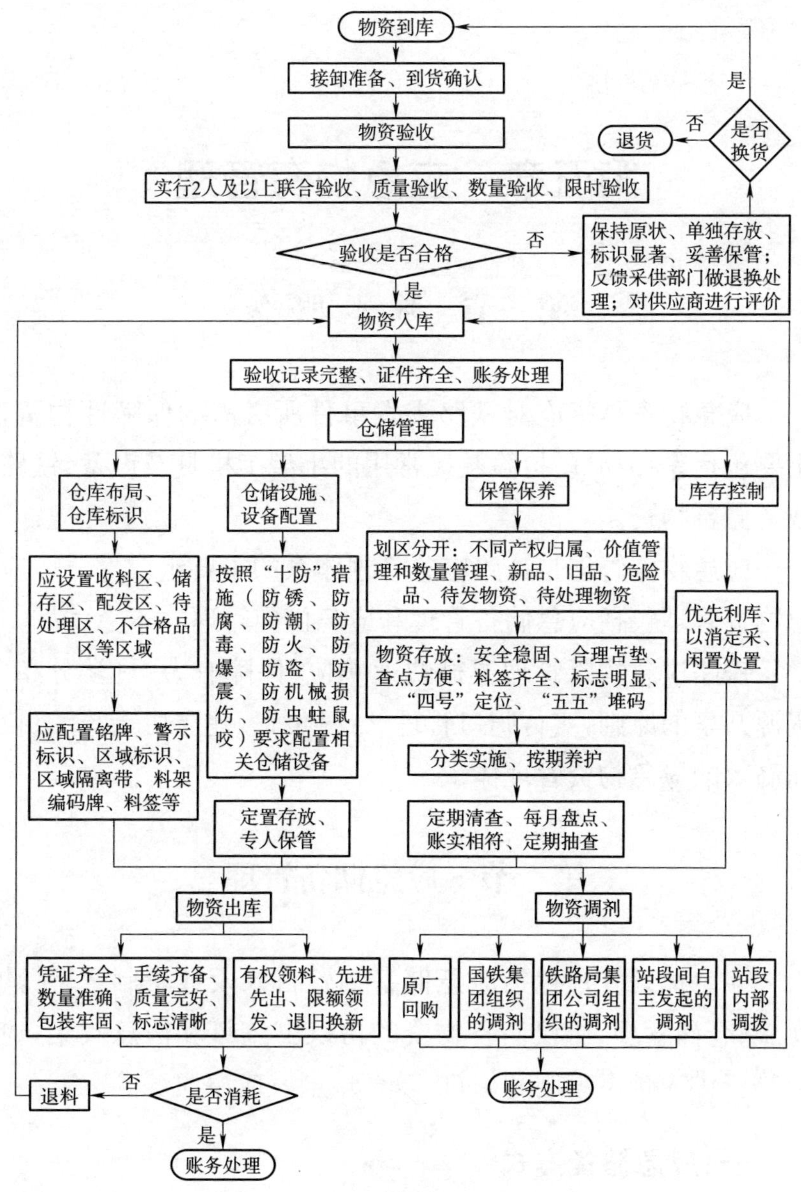

图 4-1　运输站段物资仓储管理工作流程

第五章　应急物资管理

第一节　基本概念

应急物资是指应对铁路突发事件所必需的保障性物资，主要包括库存物资、抢险救援常用的小型工机具及设备、铁路战备储备物资。

应急物资管理是铁路应急管理体系的重要组成部分。应急物资管理包括应急储备管理和应急供应管理。

铁路应急物资管理遵循快速响应、保障有力、科学分布、资源共享的原则，实行归口管理、分级负责，建立协调统一、快速高效的应急物资管理体系。

第二节　应急储备管理

应急储备管理包括应急储备物资目录及数量制定、采购实施、仓储管理，协议储备物资的协议书签订和信息收集，应急物资供应预案编制和修订、教育培训及应急演练等。

一、应急储备方式

应急储备可采用实物储备、协议储备和信息储备等方式。

应合理选择储备方式，做到统筹兼顾、保障供应、避免积压。

1. 实物储备。实物储备是指为应对突发事件，事先采购物资并进行实物保管的储备方式。实物储备包含阶段性储备和长期性储备。阶段性储备适用于应对防洪抢险、冰雪凝冻等阶段性自然灾害的物资储备。长期性储备适用于应对难以把握规律的应急事件且能够与运输生产经营通用的物资储备。

2. 协议储备。协议储备是指由使用单位与供应企业协商，委托供应企业储备应急物资的储备方式，不包括各类资产租赁使用协议。协议需明确储备物资的品种、价格及相关费用，当应急情况发生时根据使用单位消耗数量再进行结算。协议储备适用于日常使用较少、市场供应充足、不具备储存条件等的物资。协议储备物资由供应企业负责日常管理和维护，保证随时可用。

3. 信息储备。信息储备是指按采购权限收集掌握部分应急物资供应商联系方式及其物资库存情况，当应急情况发生且既有物资库存储备不足时，迅速组织应急采购。

二、应急储备方案

1. 按照主动预防原则，各单位应根据当地自然灾害特点、历年应急物资使用情况及应急工作要求，制定落实应急物资储备方案，包括具体品类、数量和储备地点、储备方式等内容，储备方案应包含在各单位的应急预案中。

2. 储备地点和储备数量的设置应按照区域辐射性强、交通方便，兼顾效率和经济成本的原则，科学布局、合理储备，并结合灾害预防权威信息对储备数量及时进行调整。

3. 各单位应根据应急物资储备方案，结合既有库存情况，充分利用社会化储备资源，合理确定实物储备、协议储备及信息储备的比例，并报铁路局集团公司物资部备案。

三、应急储备物资保管

1. 应急储备物资保管作业按照单位正常生产物资进行。加强应急储备物资的入库验收、库存周转及动态补充，对物资定期检查、试验和维护，保证应急储备物资始终处于可用状态。长期性应急储备物资在到达保质期前应进行轮换，阶段性应急储备物资在阶段应急开始时可由日常物资转入，在阶段应急解除后转入日常物资使用。状态转换应有明确的流程与标识。

2. 各单位可根据条件和需要分类保管应急储备物资，加强日常管理，提高收发效率。应急储备物资纳入信息管理，应及时维护更新应急储备物资目录、储备数量、储备地点、储备方式、协议单位等信息。

第三节　应急供应管理

应急供应管理包括应急响应启动、储备物资供应、应急采购、事后管理和信息报告。

1. 按照各级预警及应急响应指令要求，各应急物资储备单位及时启动应急物资供应预案，做好应急物资供应预备部署，接到需求指令后，立即开展应急物资供应保障工作。

2. 遵循效率优先原则，一般按照“先利库、后协议”的应急物资供应顺序，优先使用本级单位的实物储备，兼顾使用协议储备。

3. 本单位或本地区无库存，且又不易采购的应急物资，需及时向上级部门汇报，请求跨单位调拨。各单位在接到调拨方案后，须按规定时间无条件执行，并保证调出的应急物资质量良好。应急物资需求单位负责对应急物资进行接收，并做好交接记录作为结算依据，以调出物资公允价值为准。调拨产生的运输、装卸等费用由调入单位承担。

4. 在自然灾害和其他突发公共事件情况下，可动用铁路战备储备物资。战备储备物资在紧急时，可以边动用边报批。动用申报审批手续严格执行国铁集团有关铁路战备储备物资相关规定，由使用单位提出申请，经战备储备物资主管部门按程序核准，报国家交通战备办公室审批。

5. 实物储备、协议储备及调拨均无法满足紧急需要时，可启动应急采购。应明确正常采购与应急采购界限，应急采购完成后，要在规定期限内履行事后审查程序，补签采购合同，并对采购结果信息进行公开。

6. 应急处置结束后，对未使用、可回收再用的应急物资，由使用单位按照相关规定采取退库、再利用等方式纳入日常管理。对鉴定报废的应急物资，按报废物资管理办法规范处置。动用的铁路战备储备物资使用结束后，根据物资使用情况,按国铁集团相关规定进行归还、维修入库、报废、核销等处理。

第四节 信息管理

铁路运输站段应加强应急储备物资的日常信息管理,实时准确反映应急储备物资的可用状态。

1. 及时维护应急物资来源、使用、处置情况。掌握协议储备单位变化情况,及时更新储备协议。收集记录其他社会资源信息,为应急物资供应提供多渠道信息。

2. 建立应急物资信息分析与报告机制,注重应急物资分析结果运用,总结规律分析问题,改进应急物资储备和协议储备方案,根据现场实际情况修订应急供应预案,不断完善应急物资管理工作。

3. 定期对应急物资供应预案编制情况、应急物资储备管理情况和紧急采购的规范性等组织检查,不断强化内部监督。

第六章　报废物资管理

第一节　基本概念

报废物资是指在铁路局集团公司生产经营过程中产生的，已丧失原有使用功能或使用条件，经过回收、利用和处置，能够获得残余价值的铁路运营物资。包括需经专业部门技术鉴定并按规定程序办理报废手续的物资，以及生产过程产生的废弃物料等，报废物资目录管理依照国铁集团有关规定执行。

报废物资可按品类进行如下划分：

1. 大宗废钢铁。包括废轨料（含钢轨，道岔辙叉、尖基轨，钢轨伸缩调节器轨件等），报废移动装备（含各型报废机车、客车、动车组、货车、大型养路机械、接触网作业车、轨道车等），报废轮渡设备。

2. 其他废钢铁。包括其他报废线上料（含各型配件、连接件、扣件），机车车辆配件，集装箱，机械动力设备（不含汽车），机电产品，工具备品，废钢铁类边角料等，含少量有色金属的各类器材（变压器、电机、继电器等）。

3. 废有色金属。包括废铜、废铝、其他废有色金属。

4. 废蓄电池。指各型废铅酸蓄电池。

5. 废矿物油。包括废机油、废柴油、废汽油、废变压器油等。

6. 其他报废物资。包括报废办公用品、空调等家用电器、影音摄录器材、电路板卡、灯具、洁具及非金属类物资,其他危险废物等。

铁路局集团公司报废物资处置管理遵循“归口管理、公开规范、效益优先、安全环保”的原则。

第二节 回收与保管

完善报废物资回收管理制度,明确回收范围和保管责任,规范回收行为,做到应收尽收。

1. 移动装备、生产设备和设施等大型资产报废后,对可回收利用的零部件应按规定予以拆解并组织回收。其中废旧轨料回收执行“谁施工、谁回收”的原则。

2. 对已收集的报废物资要严格挑选、分拣,剔除危险品、杂物和有害物质,按照相关标准及时组织鉴定,分类存放、集中保管、废旧分开、账物相符。废旧轨料等报废物资回收、保管单位要落实登记、建账、整修、发运、保管等工作职责。

3. 按照国家、国铁集团和铁路局集团公司有关规定,完善报废物资损毁制度,明确损毁范围、标准和程序。相关报废机具、配件等须按规定及时进行损毁处理,对具有潜在安全隐患的脱轨器、铁鞋等报废物资,完善安全处置管理要求,明确损毁标准和责任分工并严格执行。对有保密要求的存储介质等报废物资按有关保密规定进行处理。符合铁路可移动文物和具有保存价值实物的相关物资,依照国铁集团和铁路局集团公司有关规定管理,不得进行报废处置。

4. 报废物资账务管理,对有价值管理要求的报废物资,应按材料核算管理要求及时点收入账。报废轨料等国铁集团或铁路局集团公司有明确规定的,按规定价格入账,其他符合点收条件的报废物资,按合理估算的公允价格入账,但最高不超过同类新品最新采购价格(或原值)。报废钢轨按理论重量乘以检尺长度点收入账,报废货车车轴、货车轴承、货车车轮按理论重量乘以数量点收入账,主要报废物资理论重量见表 6-1。

表 6-1 主要报废物资理论重量

序号	报废物资名称	型号(规格)	理论单重(kg/件,其中钢轨为 kg/m)
1	货车车轴(半光轴)	RD2	380
		RE2B/RE2A	451
		RF2	528.7
		其他型号	参照 RD2 型
2	货车车轮	HDSA	306
		HDZD	315
		HESA	314
		HEZD	325
		HDS	348
		HFS	367
		HDZB	330
		HDZC	310

续上表

序号	报废物资名称	型号(规格)	理论单重(kg/件,其中钢轨为 kg/m)
2	货车车轮	HEZB	322
		HDZA	371
		HDZ	385
		HFZ	378
		其他型号	参照 HESA 型
3	货车轴承	197726	28.84
		353130B	32.30
		352226X2-2RZ	28.75
		SKF 197726	27.68
		353130A	32.27
		353130X2-2RZ	33.79
		353132A(352132A)	40.41
		353132B(353132X2-2RS)	40.60
		其他型号	参照 352226X2-2RZ 型
4	钢轨(TB/T 72344.1—2020)	43 kg/m	44.56
		50 kg/m	51.46
		60 kg/m	60.76
		60 N	60.45
		75 kg/m	74.60
		75 N	74.25
5	钢轨(TB/T 72344—2012)	43 kg/m	44.75
		50 kg/m	51.65
		60 kg/m	60.80
		60 N	60.49
		75 kg/m	74.60
		75 N	74.23

5. 健全报废物资管理台账，报废物资的收、发、存动态应如实反映，做到账物相符，杜绝账外料。

6. 物资收集、倒运、鉴定和整修等过程中产生的相关费用，由各级财务部门按规定的标准列支。

7. 认真履行报废物资保管职责，妥善看护报废物资，严防丢失被盗。

8. 废蓄电池、废矿物油等危险废物按照国家或当地政府的有关规定存放保管，危险废物必须交由具备相应资质的单位回收处置。

第三节　开发创效

报废物资的开发创效是指通过改变报废物资原有使用功能和用途，或以报废物资为原材料进行深度加工等方式，充分挖掘报废物资潜在价值。

1. 提高报废物资经营开发意识，按照先开发创效、后常规处置的原则，加强报废物资的开发创效，实现报废物资整体处置收益最大化。

2. 建立完善报废物资开发创效机制，明确业务流程。开发创效要制定开发方案，符合市场化原则，进行可行性论证，履行决策程序后实施。开发创效产生的收益原则上应大于直接拆解销售等常规处置方式产生的收益。

3. 除经国铁集团履行决策程序后确认适用的特殊情形外，开发创效必须改变报废物资原有使用功能和用途。

4. 在确保不再用于运输生产的前提下，报废移动装备可不经拆解整体处置。在满足静态存放的条件下，要对走行部件做破损处理，彻底去除原有运行功能。在销售合同中应注明相关约束条款及违约追责条款。

5. 报废移动装备整体变现处置须设定合理底价，底价不得低于同型装备近期拟作解体处置可获得的市场价值。报废移动装备整体创效处置方案须经所属企业履行决策程序后方可实施。

第四节　处置管理

一、处置权限

报废物资由物资管理部门按照管理权限实施集中处置。铁路局集团公司制定报废物资分级处置范围，明确分级处置权限，未经授权，其他任何单位和个人均不得擅自处置。

1. 国铁集团指定储存备用的报废物资由所属企业按规定妥善管理，未经国铁集团授权或批准，所属企业不得擅自处置。

2. 报废国铁货车由国铁集团制定整车处置方案，授权所属企业具体实施。

3. 其他报废物资由所属企业按规定制定处置方案，规范实施。

二、处置前置条件

1．需经鉴定审批方可报废的物资，应履行相应手续。

2．需进行清理、拆件回收、分类拆解等规定操作程序的，应按规定执行完成。

3．待做解体处置的报废移动装备停放点需具备相应的解体和发运条件，报废钢轨的回收堆放地点应便于发运。

三、管理要求

1．报废物资处置实施计划管理，根据生产任务、设备状况和经营目标，由物资部门牵头组织编制报废物资处置年度计划，处置计划要分解落实到具体部门和单位，明确工作职责和分工。做好计划执行情况跟踪、分析和控制，确保年度计划有效落实。

2．非保密的报废处置公告、结果等信息均要通过国铁采购平台公开发布。处置公告信息还可选择在其他具有一定规模和影响力的媒体上同时公布，扩大信息的受众面。

3．处置公告信息包括但不限于：处置人名称、地址、联系方式，处置项目的名称、编号、内容、数量、存放地点、所涉收费项目明细，回收商报名截止、购包、竞价时间等内容。处置结果信息包括但不限于：处置项目的名称、编号、拟成交人名称及成交金额、异议联系方式等内容。

4．报废物资处置以竞价销售方式为主。采用其他处置方式的，应在履行规定程序后实施。

5. 需要设置处置底价的，按照评估价值或参照近期市场价格，履行规定程序后确定。账面价值较高的固定资产报废后如需实施非竞价销售处置的，应按财务部门有关规定履行资产评估程序。

6. 报废物资处置原则上应设立处置评审小组，比照采购项目评标委员会的组建方式确定。采用竞价销售方式的，可视需要设立。

7. 报废物资交易严格按照先收款、后发货的原则执行。交易资金的管理按照国铁企业财务制度和有关规定执行；报废处置所得收入和收益应依法纳税。

8. 严格报废物资处置的合同管理，按处置结果与回收商规范签订合同。合同执行信息要实行信息化管理，符合物资管理信息系统的要求。规范合同档案管理，强化合同执行情况跟踪。

9. 严格按照以下原则，加强报废物资发货数量管理和控制。

(1)报废钢轨按理论重量乘以检尺长度发售，不计磨耗，不再称重。

(2)报废货车车轴、货车轴承、货车车轮按理论重量乘以数量发售，不计磨耗，不再称重。

(3)报废货车按车体的标记重量(相应核减拆除配件的重量)、以辆为单位发售。

10. 严格报废物资现场监装、检斤计量和发货数量管理，完善发货监管机制和工作流程，形成可追溯的发货记录。对发货周期长、拆解运输作业量大的处置项目,要加强内外部协调,积极配合回收商按要求完成拆解运输等工作,加强回收作业现场监控。

(1)报废物资发运时,需 2 个部门或单位、3 人以上同时现场监装。

(2)报废物资发运人员应配置作业记录仪,留存发运视频资料,视频资料保存期限不少于两年。

(3)发货摄像应从装载车辆正前方、正后方、侧面 45°等多角度记录,正后方应覆盖车号、监装人像等视频资料,同时留存过磅信息、磅单等影像资料。

(4)需称重的,优先利用自有地磅,本单位没有地磅的到邻近站段过磅,最后选择有计量资质的社会企业称重,并留存相关资质证明。

11. 对运输安全、人身安全、环境安全可能造成影响,急需处置的报废物资,应明确处置程序,可先实施应急处置,后办理相关手续。

12. 对于不适合集中处置的报废物资,应明确具体范围、处置程序和要求,授权资产配属单位规范处置。

13. 报废物资回收商资质管理要求:

(1)参与竞价销售的回收商须是在中国境内依法注册且在国铁采购平台统一注册并通过审核,具有报废物资(再生资源)经营资质的回收企业,或直接利用报废物资进行生产经营的其他企业。涉及危险废物回收等有特殊资质要求的,按照国家有关规定执行。

(2)参与置换处置的回收商应是国有企业及国有控股企业。

(3)参与网络拍卖的回收商应是经过相关拍卖交易平台认证的企业或个人。

第五节 处置方式和流程

一、竞价销售

(一)通过国铁采购平台实施竞价销售

竞价销售应按照公开、自愿原则,由三家及以上符合相应资格条件的潜在回收商于规定时间内在国铁采购平台上进行公开竞价。主要实施程序如下:

1. 制定合理的竞价销售方案并在国铁采购平台发布竞价销售公告,公告时间不得少于5日,从公告发布之日起至竞价开启之日止,不得少于10日。

2. 回收商根据公告要求在国铁采购平台上办理规定手续后参与竞价,由国铁采购平台自动推荐出价最高者为成交候选人。

3. 对平台推荐结果履行规定手续后发出成交通知书。

(二)保证金管理规定

1. 竞价销售项目应收取竞价保证金,项目成交后,成交回收商的竞价保证金可视情况自动转为履约保证金,二者存在差额的，按“多退少补”原则据实处理。

2. 竞价保证金金额应按销售底价的一定比例合理确定，比例不得超过采购项目履约保证金标准，竞价保证金不得抵扣货款，并在竞价文件中载明。

3. 成交回收商履行合同后，应及时返还履约保证金并办理财务结算手续。对未成交回收商应按竞价文件约定及时返还竞价保证金。

二、谈判销售

通过发出谈判公告或直接邀请的形式，与回收商进行谈判销售。两次竞价销售失败的、因技术复杂、有特殊要求或受自然环境限制导致回收商选择范围有限的，可适用本方式。主要实施程序如下：

1. 制定合理的谈判销售方案，在国铁采购平台发布谈判销售公告，组建谈判处置小组。

2. 谈判销售处置程序可参照物资采购的谈判组织程序实施。

3. 谈判处置小组推荐经评审的出价最高者为成交候选人。

4. 对谈判处置小组推荐结果履行规定手续后发出成交通知书。

三、置换处置

通过发出公告或直接邀请的形式，与外部企业以报废物资置换同类新物资。置换处置按等价交换原则组织实施，报废物资价值可按市场价格或由第三方机构评估确定，拟置换新物资的价格应按市场或评估价格确定。对于具备置换条件且置换综合收益高于直接销售处置的，可适用本方式。主要实施程序如下：

1. 明确置换主体，对管理范围内可置换报废物资进行统一归集。

2. 制定合理的置换处置方案，明确意向置换新物资品类和数量，组建置换处置小组并实施。

3. 置换处置程序可参照物资采购的谈判组织程序实施。

4. 置换处置小组推荐置换价值最大者为成交候选人。

5. 对置换处置小组推荐结果履行规定手续后发出成交通知书。

四、网络拍卖

通过互联网拍卖交易平台对报废物资以网络电子竞价方式进行公开拍卖处置的销售方式。报废通用物资通过网络拍卖有较大概率提高处置收益的，可适用本方式。互联网拍卖交易平台须在最高人民法院司法拍卖网络服务提供者名单库所公布的范围内选择。主要实施程序如下：

1. 报废物资拍卖处置程序按拍卖交易平台的规则执行。

2. 报废物资拍卖处置成交价格不得低于起拍底价，以有效出价最高者成交。

3. 依据拍卖交易平台出具的电子交易凭证，履行规定手续后发出成交通知书。

第七章　物资质量及供应商管理

第一节　质量管理

铁路局集团公司不断完善物资质量管理体系，注重物资质量源头把关，强化使用过程追踪，落实结果反馈，明确从需求提出到物资报废各环节相关单位、部门的质量责任，形成分工明确、协调有序的质量控制体系。

铁路局集团公司各级物资采购部门要严把物资采购质量技术条件关口，落实从需求提出到采购合同签订各环节相关单位、部门的质量责任。合理设置物资采购相关资格条件，严格执行铁路产品许可和认证管理等制度，加强对合同质量条款的管理和审查，按规定执行或运用国家、行业和国铁集团有关物资技术标准和技术条件。

铁路局集团公司不断规范物资质量接收查验管理，落实各相关单位、部门接收查验责任。运输站段按照有关规定和合同约定对到货物资进行接收查验及抽检，必要时可委托有相应资质的检测机构进行抽样检验，严禁接收、使用未经查验或查验不合格的物资。

铁路局集团公司建立和完善物资质量信息跟踪、反馈及追溯机制，加强对物资使用情况的跟踪。运输站段对发现的质量问题应及时反馈，作为质量索赔、责任追究、供应商信用评价的依据。对因供应商物资质量责任影响生产和建设安全、造成经济损失的，按合同依法向供应商索赔，追偿经济责任。

运输站段要规范物资质量问题分析和认定，追究责任部门和个人的责任。因供应商物资质量责任影响生产经营和建设质量安全、造成经济损失的，应按照法律规定或合同约定追究供应商违约责任。

第二节　物资供应商关系管理

供应商是指潜在或实际为国铁集团及所属企业提供生产经营和建设物资的法人及其他组织，包括国铁集团和所属企业集中采购物资供应商，以及国铁集团规定应纳入管理的其他物资供应企业。供应商关系管理主要包括供应商信息管理、日常不良行为管理、年度信用评价、合作关系调整、风险防控等内容。供应商关系管理遵循“公平公正、归口管理、信息共享、动态优化”原则。

一、信息管理

(一)供应商信息库

国铁集团建立统一的供应商信息库，对供应商信息实行档案管理并动态维护，内容涵盖供应商基本信息、资格资质、合同业绩、信用评价结果等，通过铁路物资管理信息系统和国铁采购平台集中管控。根据国铁集团数据管理规定，为相关专业提供数据共享支持。

(二)供应商注册

国铁集团及所属企业应当畅通供应商注册渠道，鼓励企业参与铁路物资供应。

1. 积极引导供应商在国铁采购平台进行注册，不得设置不合理资格条件限制供应商注册。参加物资采购活动的供应商应当具备以下基本条件：

(1)具有承担民事责任的相应能力。

(2)具有良好的企业信用和资金财务状况。

(3)具有履行合同所必需的资格资质及相应履约能力。

(4)法律、法规及国铁集团规定的其他条件。

2. 国铁物资公司对申请注册的供应商进行初审。经国铁集团复核后纳入统一供应商信息库管理。供应商注册信息如下：

(1)营业执照等企业基本信息。

(2)生产经营许可范围内产品目录。

(3)所供应产品的相关生产许可证书、认证证书、技术审查合格通知书等资质证明文件。

(4)生产企业对代理企业的授权书及质量保证承诺。

(5)供应商信息库设置的其他信息。

(三)供应商信息维护

国铁集团所属企业应根据采购实际情况开展供应商信息

维护相关工作：

1. 对具有合同关系的供应商信息进行核查，督促供应商及时更新基本信息或资格资质信息。

2. 对公开采购过程中未入库的供应商资质信息评审结果，可选择采信并督促供应商及时在国铁采购平台注册。

3. 除国铁采购平台交易规则明确要求外，国铁集团及所属企业不得以未在国铁采购平台注册为由，限制供应商参与采购活动。

二、日常不良行为管理

(一)供应商不良行为管理范围

供应商在物资管理活动中存在以下行为的，均应纳入日常不良行为管理范围：

1. 在物资采购过程中违反国家有关法律法规或国铁集团管理要求的。

2. 在合同履行过程中违约的。

3. 干扰、破坏铁路物资市场秩序的。

4. 产品存在质量问题或安全隐患的。

5. 存在违反廉洁从业要求向铁路工作人员行贿或与铁路工作人员相互勾结谋取私利等行为的。

6. 在物资采购活动中，被国家或行业监督管理部门行政处罚或列为失信主体的。

(二)供应商不良行为管理措施

1. 根据供应商不良行为的性质及造成的影响程度，分为一般不良行为、较大不良行为和重大不良行为三个等级。根据不良行为的性质和影响，对与供应商的合作关系做出定期暂停采购等调整，并作为年度信用评价的组成部分。

2. 国铁集团建立“黑名单”机制，对于给国铁集团及所属企业造成重大经济损失或不良社会影响，或因产品质量问题造成严重事故、危及行车安全的供应商，国铁集团及所属企业应及时对其进行索赔和责任追究，并按供应商不良行为认定程序列入“黑名单”管理，停止与其合作关系。

3. 供应商不良行为处理结果通过铁路物资管理信息系统和国铁采购平台进行公示、公布。相关企业应督促供应商对不良行为进行整改，并按合同约定追究供应商违约责任。

4. 供应商出现不良行为时，一经发现应及时上报，同时采取措施防范或减轻不良行为影响。对供应商较大及以下等级不良行为(不含仍处在产品质保期内的产品质量类认定)，其评价追溯期为国铁集团及所属企业知道或者应当知道该不良行为发生之日起三年。对重大不良行为，以及国铁集团认定应评价的严重产品质量问题、严重违法违规、严重失信、严重扰乱铁路物资市场秩序等供应商不良行为，不受追溯期限制。

三、年度信用评价

供应商年度信用评价是指按年度对供应商在评价周期内

产品质量、物资采购、合同履约、售后服务、日常不良行为等综合情况进行全面、客观评价，确定供应商 ABCD 四个信用等级，对外公布并运用评价结果等内容。

1. 国铁集团加强对年度信用评价工作的全过程管理，规范评价组织实施程序，优化信用评价信息收集、核实审查、等级评定、结果公示公布等业务流程，完善信用评价指标，利用信息化评价手段，提高信用评价效率。

2. 国铁集团及所属企业建立供应商年度信用评价信息反馈机制。企法、财务、科信、建设、运输、客运、货运、机辆、工电、安监等相关部门根据职责分工及评价指标内容，及时向物资管理部门反馈评价信息。

3. 供应商年度信用评价结果，经履行信用评价建议上报、国铁集团审核确定等程序后，在铁路物资管理信息系统和国铁采购平台上进行公示、公布。

4. 国铁集团及所属企业建立与供应商的沟通机制。结合供应商信用评价情况，物资管理部门应及时通报其存在问题，督促供应商守信履约、提高服务水平。

5. 国铁集团及所属企业全面运用供应商年度信用评价结果，统一发布供应商信用风险预警信息，监督所属企业在物资管理各环节全面运用。

6. 国铁集团组织对重要移动装备及配套车载电务设备的供应商开展设备故障率年度信用评价工作。明确评价范围、评价指标和标准及评价程序，在物资采购中应用评价结果，提升铁路运输移动装备质量管理。

四、合作关系调整

1. 国铁集团具体制定物资供应商信用评价分级分类评价标准，依据统一发布的信用评价结果，动态调整供应商合作关系。国铁集团及所属企业在采购文件、合同或协议中，应明确对物资供应商信用评价管理的相关要求。

2. 国铁集团结合发展战略，综合供应商信用等级、产品重要性、铁路市场份额等因素，推进供应商分类管理，深化供应商合作关系。

3. 国铁集团组织对生产经营有重要影响、具备行业内技术领先或优势地位、有长期合作意愿并能提供优质高效服务的供应商进行重点管理，运用调整评价、守信激励等措施，巩固供应商合作关系。

4. 国铁集团落实国家信用体系建设要求，建立完善供应商信用评价制度，对失信供应商按照日常不良行为和年度信用评价实施信用惩戒，明确失信行为的分类等级、实施信用惩戒的认定程序及修复机制等内容。

5. 对于存在日常不良行为的供应商进行失信认定，国铁集团及所属企业依据不良行为认定结果暂停与其合作关系。其中，一般不良行为暂停期限为 3 个月，较大不良行为暂停期限为 6 个月，重大不良行为暂停期限为 12 个月。

6. 依据供应商年度信用评价结果，运用信用风险预警、激励惩戒并举的措施，促进供应商合作关系。

7. 对于因产品质量类不良行为导致被暂停合作关系或

被限制参与采购活动的供应商,因生产维修确需采购其产品的,由拟采购企业申请,经国铁集团专业主管部门评定供应商已采取积极措施主动消除质量类不良行为影响的,可在履行国铁集团决策程序后调整其合作关系。

8. 国铁集团对生产经营和建设具有重大影响的物资供应商合作关系调整,履行决策程序后另行确定。

五、风险防控

1. 国铁集团及所属企业应加强供应商管理信息化建设。供应商信息整合应用到铁路物资管理信息系统和国铁采购平台中,实现信息共享,强化内部控制,注重信息分析和风险预警,防范物资管理风险。

2. 国铁集团及所属企业在与新进入铁路物资市场、存在较大信用风险的供应商建立合同关系前,应对供应商进行必要的实地考察,记录考察情况,重点审查其生产条件和产品质量保障情况,降低合同履约风险。

3. 国铁集团及所属企业定期组织对下属单位供应商关系管理情况进行监督检查,检查结果纳入物资管理绩效评价。供应商管理工作人员存在收受贿赂,或对失信供应商包庇纵容、应评未评等违反廉洁和工作纪律的情形,按照有关规定实施责任追究。

4. 国铁集团及所属企业建立公开监督渠道,自觉接受社会对供应商关系管理工作的监督,公正处理供应商异议事项,维护市场公平秩序。

六、设备故障率年度信用评价

为进一步完善物资供应商信用评价体系，促进物资供应商提升铁路运输移动装备质量管理水平，降低故障发生率，在物资供应商日常不良行为管理和年度信用评价基础上，新增设备故障率年度信用评价。

1. 评价范围：动车组、机车、时速 160 km 动力集中动车组、货车、大型养路机械、接触网作业车、轨道车、列控系统车载(ATP)设备、LKJ 设备、CIR 设备等移动装备及配套车载电务设备的物资供应商。

2. 评价结果应用：物资供应商设备故障率年度信用评价结果应用于调整中标份额、延长设备质保期或作为综合评估法的量化打分指标等，各种应用方式可单独或组合使用。

在采购纳入故障率评价范围的设备时，国铁集团或所属企业的采购部门应会同机辆、工电等专业部门，结合采购项目实际，研究提出物资供应商设备故障率年度信用评价结果的具体应用方式，经履行集体决策程序后纳入采购文件实施。

第八章　物资目录及信息化管理

第一节　物资目录

一、概　　述

物资目录是全路物资管理的重要基础数据，用于记录物资的名称、类别和特征等信息。运输站段涉及物资名称和品类的相关应用，应以物资目录中的物资编码作为标识代码。物资目录涵盖铁路生产经营和建设，实行全路统一集中管理。其管理遵循科学性、实用性、规范性、完整性与可操作性的原则，同时兼顾扩展性与可维护性。

物资目录实行集中管理，由维护单位通过物资管理信息系统统一发布。物资目录在全路物资计划、采购、仓储、配送、统计等管理环节，以及物资管理相关系统中应用，并扩大在其他专业生产系统中的应用范围，通过物资目录构建信息共享机制，提高物资管理水平。

二、目录分类设置及物资归属

（一）目录分类

物资目录分类设置考虑了铁路物资管理的特点，对使用、管理上有特殊需求的铁路专用物资、物资专用配件等单独设置分类。

1. 铁路物资目录分为 10 组，见表 8-1。其中，0～5 组以通用物资为主，含少量铁路专用物资；6～9 组以铁路专用物资为主，含少量通用物资。通用物资是相对于铁路专用物资而言。铁路专用物资是指执行铁道行业标准或有铁路专用图号的物资，其他物资为通用物资。

表 8-1　铁路物资目录分组

类别	名　称	物资范围
0	原材料	金属材料：生铁及铁合金、型钢、钢板、钢带、钢管、钢丝、钢颗粒、钢制品、有色金属、铸铁管、水暖、建筑五金、焊接材料、废旧金属。 非金属材料：木材，建筑材料，耐火材料、非金属炉料，能源、油脂、添加剂，化工品、涂料、爆破器材，橡胶及制品，塑料及制品，纤维材料制品及皮革，劳动保护用品及客货运杂备品，废旧非金属
1	燃料	煤、焦炭等固体燃料，汽油、柴油等液体燃料，煤气、天然气等气体燃料
2	机械设备及配件	各类机械设备整机及配件，标准紧固件，轴承，工具
3	电气设备及器材	牵引供电、变电其他系统及设备，通用电气，高压变配电装置，低压变配电装置，电线电缆及附件，绝缘子、金具、架线器材，绝缘材料及制品，电碳制品、蓄电池，其他电工器材
4	仪器仪表及计量器具	工业自动化仪表，电工仪器仪表，分析测量仪器，光学仪器，试验机，土工测试仪器，实验仪器及装置，铁路专用仪器仪表及计量器具，量具及衡器
5	电子设备及元器件	计算机及网络设备，电子办公设备，普通监控设备，电子元器件，其他电子设备及元器件

续上表

类别	名　　称	物资范围
6	通信信号器材	通用通信整机及配件,铁路通信整机及配件,铁路信号整机及配件
7	线路设备及配件	钢轨及联结件,道岔及配件,轨枕及扣件,桥梁及配件,道砟
8	接触网设备及零件	电气化铁道接触网支柱,限界门零配件,接触网设备,接触网零件,回流线及零件,接触网施工、维修工具等
9	机车车辆及配件	机车车辆及通用配件,内燃机车配件,电力机车配件,客车配件,货车配件,动车组配件

2. 0～9 组中所涉及的配件又分为通用配件和专用配件。通用配件是指在不同物资间通用的配件,如标准紧固件。专用配件是指特定物资专用的配件,应具有部件号或图号。

(二)配件分类设置方式

配件分类设置主要采用以下两种方式:

1. 设置在该物资分类的下位类中,见表 8-2。

表 8-2　线路设备及配件分类设置表

道岔及配件分类	71　道岔及配件 710　单开道岔 711　对称及三开道岔 712　复式交分道岔 713　交叉渡线道岔 714　组合道岔 715　道岔辙叉 716　尖轨、心轨、基本轨 717　护轨及配轨 (以下是配件类)

续上表

道岔及配件分类	718　道岔配件 7180　垫板 7181　扣板 7182　拉杆及连杆 7183　调整片及调整楔 ……

2. 与该物资分类平行设置,见表 8-3。

表 8-3　通信信号器材分类设置表

整机分类	配件分类
62　铁路通信整机 620　载波通信设备 621　数字调度通信设备 …… 623　区段及站场通信设备 624　无线通信设备 625　GSM-R 通信系统 ……	63　铁路通信配件 630　载波通信设备配件 631　数字调度通信设备配件 …… 633　区段及站场通信设备配件 634　无线通信设备配件 635　GSM-R 通信系统配件 ……

(三)收容类设置

物资目录各分类通常都设置收容类(也称其他类,在上述分类中未包含的物资归入收容类)。收容类通常设置在分类的最后一个下位类。部分收容类根据需要还可设子类,但子类中不再设置收容类。对收容类的使用应充分论证、严格控制,除非特殊情况,不得列入收容类。各类物资收容类设置见表 8-4。

表 8-4　各类物资收容类设置表

723　弹条、调高扣件 　7230　弹条Ⅰ、Ⅱ型扣件 　7231　弹条Ⅲ型扣件 　7232　弹条Ⅳ型扣件 　…… 　(以下是收容类) 　7239　其他弹条、调高扣件	225　铁路线路机械配件 　2250　铁路线路机械通用配件 　2251　道砟清筛、捣固机械配件 　2252　轨道动力稳定机械配件 　…… 　(以下是收容类及其下位类) 　2259　其他铁路线路机械配件 　　22590　复轨器配件 　　22591　脱轨器配件 　　22592　轨道检测车配件

三、物资目录条目的构成与描述

(一)物资目录条目构成

物资目录条目由物资编码和名称、型号规格、图号、执行标准、材质、计量单位、单重、备注八个信息项构成。其中，物资编码由 12 位数字组成，其中前 6 位是分类编码(高位码)，用于标识物资分类，后 6 位是物资属性编码(低位码)，反映物资属性特征或为顺序码。物资编码由维护单位按照一定编码规则生成。

(二)物资目录条目信息项描述

物资目录条目各信息项的内容描述应符合国家标准、行业标准或铁路相关技术文件、相关产品的要求。无上述资料供参考时，物资目录维护单位应考虑大多数目录使用单位物资管理特点，选取一定时期大多数使用单位认可的描述方式。

物资目录条目各信息项中使用的字符遵循统一原则。各信息项描述还应遵循以下原则：

1. 型号规格项是反映物资基本属性的信息项，原则上按以下递进关系确定：

(1)相关标准(技术文件)中明确规定物资型号规格时，按照标准(技术文件)的规定描述。如果参数过多，在提取部分参数能够区分物资属性的前提下，可采用部分参数作为型号规格参数。

(2)相关标准(技术文件)中未明确规定物资型号规格参数或无法准确提取关键参数时，如采用物资性能等级、适用条件等属性描述能够满足使用需求，采用性能等级或适用条件等描述。

2. 图号项反映部分物资产品对应的图纸文件编号。

3. 执行标准项反映物资执行的具体标准，使用标准编号表示。如：GB 19147—2016、TB/T 3080—2014、JJG 567—2012，或标准性技术文件编号表示。

4. 材质项反映物资的材质或主要材质构成，依据相关标准、产品说明描述。

5. 计量单位项采用国家标准、计量单位符号或计量单位名称表示。对有相应国家标准的计量单位，以标准中规定的计量单位符号进行表示，没有国家标准的，由使用单位向维护单位提出申请，由维护单位确定并以计量单位名称表示。

6. 单位重量反映物资每计量单位的重量，在部分需要进行换算的物资目录条目中列出。

四、物资目录编制与发布

物资目录编制采用集中编制和申请编制两种方式。采用集中编制方式的物资范围包括实行运输安全设备行政许可管理和铁路专用产品认证采信目录管理的物资、国铁集团集中采购和组织联合采购的物资,由维护单位负责编制,其他物资的目录采用申请编制方式。

(一)物资目录集中编制

物资目录集中编制是“自上而下”获取物资目录信息的重要渠道,信息主要由物资目录维护单位分析国铁集团相关业务部门、铁路局集团公司、建设单位、设计院及招标代理机构对物资目录的应用需求后提出。目录使用单位、生产厂商应配合维护单位做好相关资料的收集工作。已集中编制完成并发布的物资目录纳入物资目录集中编制清单,不再允许使用单位进行目录申请。

1. 梳理业务需求。广泛收集、梳理国铁集团相关业务部门、铁路局集团公司、建设单位及与目录使用相关单位的需求,作为目录分类设置、条目信息颗粒度选择、编码方案设计的依据。

2. 收集资料。收集目录编制所需要的资料,包括国家及行业标准、标准性技术文件、通用参考图及与编制目录相关的其他资料。

3. 集中编制。确定分类设置、物资目录条目信息描述、编码方案。

4. 征求意见。以发布公告或直接征询有关单位意见的方式征求意见,并进行调整。

5. 目录发布及管理。已编制完成的目录在铁路物资管理信息系统公示15个工作日,无异议后集中发布。

(二)物资目录申请编制

物资目录申请编制是“自下而上”获取物资目录信息的重要渠道,信息由申请物资目录的国铁集团所属企业根据物资管理收、发、存等环节的业务需求提出。物资目录申请编制分为目录申请和新增物资目录编制建议两种情况。

1. 目录申请是指在确定分类下增加目录条目的申请:

(1)提出目录申请。物资目录申请铁路局集团公司的基层站段等相关部门按照目录分类设置、条目描述要求提出目录申请。

(2)铁路局集团公司审核。铁路局集团公司的物资管理部门负责审核基层站段的目录申请,对审核未通过目录条目退回基层站段。对审核通过的目录条目形成目录申请书面文件并加盖物资目录主管部门公章。

(3)铁路局集团公司上报。铁路局集团公司的物资目录主管部门将目录申请书面文件电子版与审核通过的目录条目一并通过铁路物资管理信息系统报送维护单位。

(4)维护单位受理。维护单位依据申请单位提交的书面文件电子版受理物资目录申请。对书面文件电子版中未涉及的目录申请信息不予受理。

(5)维护单位审核。维护单位按照物资大类对目录申请进行审核,必要时对目录条目的信息项进行规范。审核通过的目录条目待发布,审核未通过目录条目退回申请单位。

(6)目录发布。发布审核通过的目录条目,目录正式生效。

2. 新增物资目录编制建议是指对物资目录的分类、条目、模板及编码规则提出的增加、补充和完善的建议。按照"物资目录编制及调整建议表"要求填写并提交建议。

五、物资目录申请及审核要求

(一)明确职责

1. 申请铁路局集团公司的基层站段或相关部门是提出目录申请的源头部门,应避免目录重复申请、目录申请相关信息遗漏或错误。

2. 申请铁路局集团公司的物资管理部门指定专人负责审核、汇总及提报本单位的物资目录申请。

3. 申请铁路局集团公司应确保目录申请过程中所提供信息的真实性和准确性,一般应向维护单位提供与目录申请信息相关的产品说明、技术规格书、实物图片等。申请单位无法提供上述相关资料且申请信息的真实性无法确认时,目录维护单位应将目录申请退回。

4. 维护单位负责处理、审核全路各申请单位提出的物资目录申请,及时发布或与目录申请、使用单位交流物资目录维护工作相关信息,确保物资目录申请、审核原则一致。

(二)物资目录申请及审核应遵循的原则

1. 分类选择符合物资目录分类设置原则。

2. 目录条目各信息项信息真实并符合目录条目信息项描述要求。

3. 目录条目各信息项中,名称、计量单位为必填项,图号和型号规格至少要填写一项(如果物资既有型号规格也有图号应全部填写),执行标准、材质、单位重量为选填项。

六、物资目录复查、调整

物资目录使用单位对已发布目录持有异议的,可向维护单位提出复查申请。维护单位组织有关专家对存在异议的问题进行审核,并将复查结果反馈给提出异议的使用单位。如需对目录进行调整或更改,应先公示,公示时间不少于 7 个工作日,无异议后执行调整或更改。

维护单位根据需要定期对存在错误或已确认存在重复的物资目录条目进行更正或停用,拟停用物资目录条目应先公示,公示时间不少于 3 个工作日,然后停用。

第二节　铁路物资信息系统管理

一、概　　述

物资信息系统是指覆盖需求计划、采购组织、仓储供应和报废处置等物资管理全过程的应用系统及信息平台,包括国铁集团组织建设的铁路物资管理信息系统和国铁采购平台。物资信息系统管理工作包括对物资信息系统规划、建设、应用、维护、安全及其监督考核等。物资信息系统管理遵循统筹规划、分级负责、规范应用的原则。

国铁集团统筹组织物资信息系统管理，物资管理及相关部门、单位按照职责分工开展物资信息系统管理工作。所属企业负责落实国铁集团物资信息系统管理要求，建立并完善物资信息系统管理制度和运行机制。

物资信息系统建设基于企业经营战略目标，在国铁集团信息化总体规划下，以物资管理需求为导向、创新发展为驱动、规范物资管理为核心，统筹规划、分阶段实施。国铁集团物资管理部提出项目建设计划建议，制定物资信息系统需求分析报告，组织编制总体技术方案，组织开展物资信息系统研发及迭代升级。国铁集团组织运用云计算、大数据、物联网、区块链、移动互联、人工智能等技术建设物资信息系统，发挥物资信息系统辅助决策作用，打造大监管信息载体和手段，提升物资管理效率和监督检查水平。

铁路局集团公司的物资管理相关信息系统建设项目应在国铁集团信息化总体规划和相关管理要求下开展，避免与国铁集团组织建设的物资信息系统重复建设。新建设项目应报国铁集团物资管理部备案，实施效果突出的可纳入物资信息系统推广应用。

二、系统应用

铁路局集团公司落实国铁集团信息化管理要求，规范物资信息系统应用范围、业务流程、操作方式和数据处理程序。夯实物资信息系统应用基础，理顺管理关系，完善工作标准，优化作业流程，加强物资目录、供应商、评标专家等基础信息管理。

铁路局集团公司按照物资信息系统业务应用要求，明确本铁路局集团公司应用单位和物资范围。运输站段用于运营维修、大修、技术改造物资应全部纳入应用范围。其他单位按照专项管理要求切实做到应用必用。按照管理物资范围，运营维修用物资预算、采购、仓储供应、报废、价格、供应商、监督等物资管理全业务流程应纳入物资信息系统规范应用；大修、技术改造、建设及其他物资按照专项要求纳入系统规范应用，确保系统业务流程完整。

物资信息系统应由专人负责管理，规范基础信息、人员账号维护及系统内控参数设置等。铁路局集团公司建立和完善物资信息系统操作规范，加强权限管理，切实履行审核职责，督导业务人员在规定权限内，按照标准进行业务操作，不得违规授权他人代为操作。

各单位应组织业务人员在物资信息系统中及时、准确地录入业务数据，真实反映物资管理过程。对错误数据应采用物资信息系统标准流程进行纠错处理。无法处理时应按照运维数据故障处理程序办理。

铁路局集团公司根据业务应用及人员配备实际，明确业务流程、操作规范、网络安全等培训重点，定期组织物资信息系统应用培训，提升人员业务素质，提高系统应用水平。铁路局集团公司每年至少举办一次系统应用培训。

三、数据分析及信息发布

国铁集团物资管理部组织建立统一的数据标准、统计口径及其他专业数据引用程序,归集预算、采购决策、采购方式、采购结果、仓储供应等信息,形成库存、采购、价格、消耗业务分析结果。

铁路局集团公司加强数据在线监测,对物资业务主要指标形成数据报告和风险提示,重要物资数据应纳入经济活动分析体系。

铁路局集团公司应规范信息发布内容及发布流程,形成对外物资信息发布权威窗口。加强权限管理,保证物资信息发布的时效性、合法性、真实性与权威性。

四、系统运维

物资信息系统研发单位负责系统升级实施、功能优化、数据备份及恢复、问题处理、技术咨询等日常运行维护工作,确保系统运行可靠。铁路局集团公司根据运行维护工作需要,设置专人负责系统运行维护管理工作。

国铁集团物资管理部及各铁路局集团公司物资部门负责收集整理物资信息系统应用中新增功能需求,由国铁集团物资管理部组织相关单位和研发单位研究确定后实施。

五、网络安全及信息稽核

加强物资信息系统网络安全管理,组织网络安全等级保护测评和应用系统备案，开展网络安全教育培训。建立包括个人电脑、手机、平板等各类接入物资信息系统终端安全防护措施，规范用户操作行为，保障终端使用安全。

根据业务需要和物资信息系统数据存储情况，加强基础数据和业务数据的分级分类管理，数据集中在国铁集团的由国铁集团物资管理部主管，数据集中在国铁集团所属企业的由各企业物资管理部门主管，各数据主管部门应明确数据安全管理人员，组织建立数据备份机制并制定备份策略。

严格遵守和执行网络安全相关规定。未经国铁集团批准不得将物资信息系统部署在互联网或与互联网系统相连，不得将系统采集的信息存储在外部单位或互联网上，不得向外提供物资业务信息及开放系统数据接口。未经数据主管部门批准不得直接连接系统数据库。

加强物资信息稽核机制，国铁集团不定期对铁路局集团公司物资信息系统各项业务数据的及时性、准确性、完整性等进行检查，对发现的问题限时整改，并公布数据异常情况。铁路局集团公司实行物资信息稽核日常化管理，发现错误及时更正，切实保障业务数据真实有效。

物资信息系统管理纳入物资管理绩效评价，强化物资信息系统应用过程监督，国铁集团物资管理部适时开展系统应用抽查，对不按要求开展应用的单位和个人，严格进行考核或责任追究。

第九章　物资管理监督检查

第一节　概　述

物资管理监督检查，是指国铁集团及所属企业物资管理部门依据两级物资管理有关规章、规定，通过赋予物资管理监督检查人员特定工作权责，对管辖区域内相关单位的物资管理各项业务开展监督、检查、指导及督促整改的一系列活动。

一、任务目标及工作原则

1. 任务目标：通过预防、发现、查处各种违反物资管理规定的违规违纪行为，及时防范风险、规范行为、纠正问题，促进物资领域廉洁建设，维护正常管理秩序，提高管理效率效益，提升物资管理专业化监督水平。

2. 工作原则：树立为生产经营和建设服务的理念，严格遵照国家法律法规和国铁集团有关物资管理规章制度，坚持依法依规、实事求是、高效廉洁、违规必究的原则。

二、检查形式

物资管理监督检查工作包括日常监督检查、专项监督检查和综合监督检查等形式。

1. 日常监督检查。日常监督检查是按照管理职责，对物资管理工作过程实行的常规持续监督，发现并纠正存在的问题。日常监督检查侧重于物资监管工作的常态化监测监督，应充分利用信息技术手段，拓宽监督信息渠道，丰富监督方式，提高日常监督检查效果。

2. 专项监督检查。专项监督检查是针对物资管理特定对象、关键环节或突出问题等开展的专项检查，包括但不限于对国铁集团及所属企业专项重点工作落实情况及审计、巡视、巡察等发现问题的整改情况的监督检查。专项监督检查侧重于有针对性的重点检查。

3. 综合监督检查。综合监督检查是对下属单位物资管理工作的规范性、有效性开展的全方位、全过程、全覆盖检查。综合监督检查侧重于阶段性的全面检查。

三、组织方式

1. 现场监督检查，是指通过制定物资监督检查计划，组织监督检查组，对受检单位的物资管理业务进行实地检查的监督方式。现场检查坚持“问题导向”“以查促管”并重。

2. 物资管理业务指标在线监测，是通过信息技术手段对所属单位物资管理业务各项数据信息在线开展动态监测及分析预警，并由物资监督部门对监测到的异常指标、苗头风险、违规问题进行督导整改的监督方式。

3. 在组织方式上，专项监督检查和综合监督检查根据工作需要，可通过交叉检查、联合检查等方式，灵活采取现场监督检查、物资管理业务指标在线监测、举报问题的调查处理等多种监督手段予以具体实施。

四、相关要求

1. 物资管理监督检查实行国铁集团及所属企业两级管理。国铁集团物资管理部负责国铁集团物资管理监督检查工作的组织和开展，监督检查所属企业物资管理工作，所属企业物资管理部门负责组织和开展本企业的物资管理监督检查工作。国铁集团及所属企业物资管理部门应结合年度物资管理重点工作，制定物资监督检查计划，细化工作方案并组织实施。

2. 国铁集团及所属企业物资管理部门对于监督检查中发现的问题，应在铁路物资管理信息系统中分类建立问题库记录，逐一销号，实行闭环管理。一般问题整改情况实行备案管理，由受检单位在一个月内将整改结果报所属企业物资管理部门备案，所属企业物资管理部门随机抽查。较大和重大问题由所属企业物资管理部门实行督办整改；国铁集团物资管理部跟踪重大问题整改情况，对于整改不力的可向所属企业发出整改通知书，所属企业应在限期整改时间内将整改情况书面报国铁集团物资管理部。

3. 铁路局集团公司每年度应至少开展一次物资管理综合监督检查，对管内各运输站段、项目管理机构等重点单位实现每两年全覆盖，对管内其他单位适时开展综合监督检查；根据工作需要开展专项监督检查。受检单位须配合物资监督检查工作，如实反映有关情况，按要求提供相关资料并提供必要的办公条件，不得拒绝、阻挠检查。对存在的问题，受检单位应制定切实可行的措施，认真组织整改，及时反馈整改情况。

第二节　监督检查重点

物资管理监督检查应覆盖物资管理全过程，重点针对制度建设、预算与计划、采购管理、合同管理、物资供应、仓储及库存控制、资金支付、使用管理、报废物资处置、质量管理、供应商关系管理及异议处理、信息化应用、廉洁风险防控等关键环节或工作开展监督检查。

1. 制度建设方面，要建立健全物资管理制度体系，落实上级物资管理制度要求，结合实际制定科学规范、切实可行的本级物资管理制度，并有效运行。

2. 预算与计划管理方面，要严格物资采购预算编制与执行；物资采购计划编制合理规范，实际使用数量与计划基本相符，临时计划比例符合规定。

3. 采购管理方面，采购计划、采购方式、采购信息发布和采购程序依法合规；采购文件编制合理、符合规定；采购场所符合要求；按规定组建评标委员会或谈判小组，评标评审过程符合规定。

4. 合同管理方面，物资采购合同关键要素齐全，合同条款关键内容与采购文件及供应商响应的内容一致，按采购结果及时签订合同；严格合同履约行为。

5. 物资供应方面，及时编制下达采购订单，物资供应组织有序，满足生产经营和建设需要。

6. 仓储及库存控制方面，仓储设施符合要求；入库/进场物资按规定验收、存储；物资入库、出库记录、质量证明文件齐全，定期组织清仓查库和库存盘点，账实相符；按控制指标管理库存；严格执行闲置物资先调剂后采购要求。

7. 资金支付方面，严格遵守财务管理制度，落实物资集中付款管理有关要求，按合同约定对相关单据和材料进行审核确认后支付货款。

8. 使用管理方面，按规定进行物资运用消耗管理，执行有权领料人制度，按实际消耗领用物资，不以虚假物资消耗、损毁、报废、调拨等方式转移物资或资产。

9. 报废物资处置方面，按规定回收并处置报废物资；发货过程监装监发，实施计量称重并共同签认；报废物资来源和去向记录健全，不擅自处置报废物资。

10. 质量管理方面，按要求对入库/进场物资组织质量抽检和技术检测；有效监控物资运用过程；按规定处置、反馈产品质量问题，台账记录健全，不使用不合格物资。

11. 供应商关系管理及异议处理方面，按规定开展供应商日常不良行为认定和年度信用评价；规范处理异议；执行国铁集团发布的供应商日常及年度信用评价结果。

12. 信息化应用方面，按要求使用物资管理信息系统和物资采购平台等信息系统，数据提报及时、真实、准确。

13. 廉洁风险防控方面，按规定建立物资管理廉洁风险防控机制，排查、识别、防范和控制廉洁风险。

第三节　监督检查问题分类

对监督检查发现的物资管理问题，按照问题性质、情节轻重分为一般问题、较大问题和重大问题。

一、一般问题

1. 制度建设脱离实际，内容缺失，生搬硬套，操作性不强。

2. 擅自超物资预算或计划采购。

3. 未按规定发布采购信息。

4. 未按发布的范本编制采购文件。

5. 未按规定程序实施物资采购。

6. 未按规定处理物资采购异议。

7. 未按规定收取和退还投标保证金、履约保证金。

8. 物资采购合同关键要素不全或合同条款关键内容明显不符合合同范本规定。

9. 发现供应商违约未及时采取有效措施纠正、制止。

10. 供应组织不力，影响运输生产或建设。

11. 仓储设施不符合强制性要求，未合理划分物资收发存区域，物资存放、保管、保养不当，或账实不符。

12. 未执行有权领料人制度。

13. 未按规定回收并处置报废物资，发货过程未实施监装监发；报废物资来源和去向记录缺失。

14. 未按规定验收入库/进场物资，物资出入库记录、质量证明文件等缺失或保管不当。

15. 因管理过失，造成物资积压增加库存。

16. 未按要求使用物资管理信息系统或物资采购平台等信息系统。

17. 隐瞒或提供虚假的价格信息。

18. 未按规定履行决策程序，擅自确定采购最高限价。

19. 未按规定对供应商进行信用评价或处理异议。

20. 文档资料管理不规范，内容缺失。

21. 其他一般违规问题。

二、较大问题

1. 未按规定编制物资预算或计划。

2. 违规选用物资采购方式或越权采购。

3. 采购文件以不合理条件限制、排斥潜在投标人，或资格、技术要求未执行强制性国家标准、国铁集团技术标准，以及国家行政许可、国铁集团产品认证等管理规定。

4. 不按采购文件或评审办法规定评审。

5. 背离采购文件实质性内容签订合同，或不按规定签订补充合同。

6. 发现供应商违约给企业造成损害，擅自放弃追索权。

7. 违规支付货款或干预货款支付。

8. 物资供应组织不力，严重影响运输生产或影响建设项目关键节点工期1个月(含)以上。

9. 物资收发存管理混乱，账实严重不符。

10. 擅自处置报废物资，或无正当理由以明显低于市场价格处置报废物资，损害企业利益。

11. 未按规定进行质量抽检，或编造虚假质量证明文件等验收材料。

12. 无正当理由拒不执行物资调拨或调剂。

13. 提供虚假物资统计数据。

14. 超采购文件规定的最高限价采购。

15. 未执行国铁集团物资供应商信用评价结果或国家相关部门公布并明确要求执行的失信结果。

16. 其他较大违规问题。

三、重大问题

1. 与供应商内外勾结、相互串通，损害国家、企业、社会公共利益或他人合法权益。

2. 违规插手、干预物资采购活动，或违规明示或暗示供应商转包、分包物资。

3. 无故不签订或未按规定擅自签订合同，或因自身原因不履行合同被供应商追究违约责任给企业造成损失。

4. 物资供应组织不力，直接影响运输生产运行或建设项目按期开通。

5. 使用经检验不合格物资。

6. 物资保管人员监守自盗。

7. 通过虚假物资消耗、损毁、报废、调拨等方式转移物资或资产，或虚开发票，套取资金。

8. 擅自处理报废物资，为个人或小团体谋取利益。

9. 接受馈赠、礼品、现金、有价证券等违规违纪行为，或利用职务便利谋取私利。

10. 其他重大违规违纪问题。

第四节　监督检查人员管理

为保证物资管理监督检查工作的有效开展，国铁集团、铁路局集团公司分级组建监督检查队伍。

一、人员构成

物资管理监督检查人员由所属单位推荐、本级物资管理部门审核、择优选拔确定。

1. 国铁集团物资管理部设置专职监督管理岗位，组建和管理国铁集团物资监督检查队伍。国铁集团物资监督检查队伍从各铁路局集团公司和铁路公司的物资管理人员中选择业务骨干组建而成，采取兼职方式开展工作。国铁集团监督检查人员应具备以下基本条件：

(1)具有较高的政治素质，具有良好的职业道德，身体健康，遵纪守法，廉洁自律，坚持原则，公道正派。热爱物资管理工作，有较强的事业心、责任感。

(2)熟悉国家相关法律法规、国铁集团物资管理制度及专业技术知识，具有较高的物资专业及相关业务管理能力，原则上具有中级及以上专业技术职称或相当职级。

(3)具有从事物资管理工作3年以上或从事物资管理监督检查工作1年以上的工作经历，现任职于物资管理岗位，年龄原则上不超过55岁，具有较强的组织协调能力、检查发现问题和分析总结能力。参加过铁路局集团公司(铁路公司)及以上层级的物资监督检查工作、具备一定监督检查经验的人员优先推荐。铁路局集团公司(铁路公司)可参照上述条件组建本级监督检查队伍，监督检查人员数量根据本企业物资监督管理工作需要和实际情况综合确定。

2. 铁路局集团公司参照上述条件组建本级监督检查队伍，监督检查队伍从各运输站段和建设项目管理机构的物资管理人员中选择业务骨干组建而成，采取兼职方式开展工作。监督检查人员数量根据本铁路局集团公司物资监督管理工作需要和实际情况综合确定。

二、人员调整

监督检查队伍应保持相对稳定，根据管理实际实行定期集中调整和日常动态调整。

1. 定期集中调整。每三年调整一次，由本级物资管理部门下发通知，组织所属单位更新监督检查人员及其信息。所属单位首次推荐人员，须填报“物资管理监督检查队伍人员申请表”，并经上级物资管理部门审核合格后，列入监督检查队伍。

2. 日常动态调整。监督检查人员出现下列情况应及时调整：

(1)因个人原因,自愿退出监督检查队伍的。

(2)因工作调整,已退休或者调离物资管理工作岗位的。

(3)监督检查工作中存在违规违纪行为的。

(4)年度综合考核评价结果不合格的。

三、工作职责

监督检查人员作为物资管理监督检查工作的骨干力量,应严格履行监督检查工作赋予的相应职责,认真开展监督检查工作:

1. 按要求参加国铁集团、铁路局集团公司组织的物资管理现场监督检查及其他专项监督检查任务等;按职责对本单位的物资管理工作开展日常监督检查。

2. 参与本单位物资管理年度监督检查计划及专项监督检查计划的制订;参加本单位物资管理监督检查工作,每年参加现场检查指导的时间不少于 20 个工作日。

3. 组织、参与本级物资管理业务指标在线监测工作;参与上级物资管理部门在线监测指出疑点问题的核实工作;结合工作实践提出在线监测相关业务指标项点设置、取数规则等意见建议。

4. 参与、完成物资管理部门交办的举报问题调查处理工作。

5. 向上级物资管理部门提出优化物资管理监督检查工作的合理化建议;按照上级物资管理部门给予的评价意见改进工作质量。参加国铁集团组织的物资管理监督检查培训班，协助本单位开展物资监督检查业务培训。

6. 根据工作安排，可以参加受检单位对物资管理违规违纪问题的分析处理会议；依据《国铁企业物资管理监督检查办法》，对构成物资违规违纪行为的单位和个人，可以提出处理建议（另有特别规定的除外）；可以督导受检单位按照建议限期做出相应处理，可以要求将处理结果和整改措施报上级物资管理部门。

7. 遵守廉洁自律相关规定，出差执行监督检查任务时应轻车简从，严格按照《铁路乘车证管理办法》等有关规定签证乘坐铁路客车、动车组列车，检查任务结束后严格按照本企业差旅费相关管理规定等办理费用报销。

8. 履行《国铁企业物资管理监督检查办法》中明确的其他职责。

第五节　监督检查的实施

一、现场监督检查

现场监督检查是指通过制定物资监督检查计划，组织监督检查组，对受检单位的物资管理业务进行实地检查的监督方式。

（一）工作流程

现场监督检查坚持“问题导向”“以查促管”并重，具体按照以下流程规范实施：

1. 制定检查计划。检查计划应明确检查内容和检查重点，制定检查计划前应提前了解受检单位物资管理有关情况(包括核查受检单位物资管理信息系统、存量网和国铁采购平台等业务数据)，制定检查计划后，应编制细化工作方案，向受检单位沟通备查的资料清单。

2. 检查内容。主要包括：物资管理各项规章制度、岗位责任制的落实情况；物资管理全过程的业务开展情况(包括预算与计划、采购管理、合同管理、物资供应、仓储及库存控制、资金支付、使用管理、报废物资处置、质量管理、供应商关系管理及异议处理、信息化应用、廉洁风险防控等内容)、各项报表和数据填报情况；物资管理各项违规问题的处理情况；巡视、巡察、审计等发现问题的整改落实情况；需要通过现场监督检查落实的日常、专项、综合监督检查相关工作。其中，采购管理、仓储及库存控制、报废物资处置、廉洁风险防控等四项内容为现场监督检查必查内容(受检单位无相关业务或检查方案中明确另有检查安排的除外)，部分检查内容在必要时可联合专业部门共同开展检查工作。

3. 成立监督检查组。检查组由三名及以上监督检查人员组成，确定其中一人为检查组长。检查组长负责按照检查计划组织本组成员共同完成好监督检查工作。

4. 正式进点。检查组应组织受检单位召开监督检查工作启动会，宣布监督检查具体工作事项、检查内容及廉洁要求。其中，明确检查过程中可对照标准化检查作业指导图的提示项点，采用查阅资料、实地查看、座谈调研、个别交流等多种形式开展工作。

5. 现场检查。检查组可以调阅物资管理信息系统相关数据、与检查内容有关的各种账表、凭证、文件、资料等，对于涉及违规违纪事实的资料有权暂予扣留或复印留底用作证据（涉及保密的资料从其规定）；对现场发现的物资违规违纪行为应当场予以制止；对查出的问题应客观准确填写“监督检查记录”，责成受检单位限期处理，必要时可直接书面向上级物资管理部门报告。

6. 交换意见。现场检查完成后，检查组应与受检单位交换意见，指出受检单位存在的问题、管理风险等，听取受检单位意见建议，充分沟通后，检查组长和受检单位相关负责人应对形成的“监督检查记录”予以双方签字确认并各自存档备查。

7. 督导整改。监督检查工作结束后，检查组应向受检单位退还查阅的各类纸质原件文档、及时归还查扣的原始资料等，并在检查结束后 15 个工作日内及时将检查记录、现场检查中发现的问题录入铁路物资管理信息系统中的问题库，督导受检单位抓好问题整改、闭环销号。根据问题整改落实情况，必要时可在后期组织“回头看”等检查验收工作。

8. 形成工作报告。对于检查工作明确要求提出工作报告的，检查组应做好分析总结、高质量形成检查工作报告。

（二）相关要求

1. 对于因工作需要而采取抽查或暗访等突击检查方式，

或事先通知可能有碍监督检查工作等情形,现场监督检查的实施以具体工作安排为准。

2. 参加检查组的监督检查人员应遵守回避制度。在监督检查工作实施前或进行中,监督检查人员与被调查的违规违纪行为或对象有直接利害关系、近亲属关系或其他可能影响公正查处关系的,监督检查人员应申请回避,由派出检查组的物资管理部门另行安排检查人员。

二、在线监测

物资管理业务指标在线监测(简称在线监测)是通过信息技术手段对所属单位物资管理业务各项数据信息在线开展动态监测及分析预警,并由物资监督部门对监测到的异常指标、苗头风险、违规问题进行督导整改的监督方式。

1. 在线监测作为落实日常监督检查的一种重要手段,应多方参与,协同配合。物资各业务管理人员应结合工作实践协助确定在线监测的具体指标与内容,物资信息化工作人员须对在线监测工作提供必要数据和技术支持。

2. 开展在线监测工作可根据本单位实际组建工作组,具体由物资管理监督检查人员、熟悉物资相关业务的管理人员或具体经办人员、物资信息化工作人员等组成。

3. 工作组在具体开展在线监测工作时,应充分利用物资领域“一平台一系统”等信息数据资源,不断探索覆盖物资管理全流程业务的可量化指标,通过合理设置指标项点和取数规则,经筛选、比对、确认等处理程序后形成监测结果,对出现的异常指标及时向相关单位进行反馈。

4. 物资管理部门须明确相应反馈处理机制，对在线监测中发现的所属单位异常指标组织进行核实、纠偏，按工作职责盯控相关单位对核实存在的苗头风险、违规问题整改到位。

5. 物资管理部门对所属单位核查不清或核查存疑的问题，必要时可开展现场调查，对查实的问题按相关规定进行考核评价及责任追究。

第十章　物资廉洁风险防控

第一节　概　　述

物资廉洁风险是指国铁企业工作人员利用职权在物资管理领域内谋取私利的可能性。物资廉洁风险防控管理是指对物资管理各环节存在的廉洁风险进行排查、识别、防范和控制。

一、物资廉洁风险防控管理的基本原则

1. 深化融入。推动廉洁风险防控和物资管理业务深度融合，结合改革创新、标准化和信息化建设，不断完善物资廉洁风险防控运行机制和支撑体系。

2. 突出重点。以物资管理业务流程为主线，围绕职责运行，覆盖物资管理重点领域、重要岗位、重要事项和关键环节。

3. 动态完善。坚持风险预警与控制相结合，加强物资管理运行监督，定期分析防控措施落实效果及物资廉洁风险变化情况，动态完善防控措施，增强廉洁风险防控能力。

4. 系统防控。落实物资管理各相关单位（部门）廉洁风险防控责任，建立协同高效的风险防控机制，发挥各自优势，

有效防控物资廉洁风险。

二、职责界定

物资廉洁风险防控管理工作实行分级管理、分工负责。

(一)国铁集团主要职责

1. 贯彻落实党和国家关于党风廉政建设的部署和要求，完善本级物资廉洁风险防控制度。

2. 组织开展国铁集团本级集中采购、供应商关系管理等物资管理工作廉洁风险防控。

3. 指导所属企业物资廉洁风险防控制度建设与实施。

4. 组织对所属企业物资廉洁风险防控工作开展实施情况进行监督检查。

5. 收集汇总所属企业物资廉洁风险防控工作开展情况，纳入物资管理绩效评价和经营业绩考核。

(二)铁路局集团公司主要职责

1. 贯彻落实党、国家及国铁集团有关党风廉政建设的部署和要求。

2. 建立健全、动态优化本铁路局集团公司物资廉洁风险防控制度并组织实施。

3. 接受国铁集团对本铁路局集团公司物资廉洁风险防控管理工作指导和监督，组织开展本铁路局集团公司物资廉洁风险防控管理工作，指导、监督下属单位开展物资廉洁风险防控管理工作。

4．建立和完善物资廉洁风险防控的激励约束机制，对下属单位物资廉洁风险防控工作开展情况进行考核评价和责任追究。

第二节　风险排查与识别

1．以物资管理业务流程为主线，对照物资管理相关制度规定和岗位职责，对物资管理职责、内容、行使主体、依据和程序等进行全面梳理。

2．以职责履行是否规范受控为判定标准，从职责行使、制度机制和工作作风等方面，通过自行查找、群众评议、专家建议、案例分析等方式，逐一对物资管理职责中的廉洁风险内容进行排查、识别。

(1)职责行使方面，重点查找由于集体决策程序落实不到位、管理流程不合理、职责过于集中、工作程序不规范和自由裁量权过大，可能造成的廉洁风险。

(2)制度机制方面，重点查找由于规章制度不健全、制度执行不到位、监督考评制约机制不完善、责任追究不落实，可能导致的廉洁风险。

(3)工作作风方面，重点查找由于理想信念不坚定、工作作风不扎实、廉洁教育有盲点和职业道德不牢固，以及外部环境对正确行使职责的影响，可能产生的廉洁风险。

3．根据对生产经营与建设、产品质量与供应保障、物资管理秩序的影响和危害程度，将排查识别出的物资廉洁风险划分为一般、较大、重大三个等级。

4. 以物资管理工作流程为主线，国铁集团制定形成“铁路物资管理主要廉洁风险防控表”，针对物资采购、仓储配送、物资运用、报废物资管理、国铁采购平台建设运营、供应商关系管理等重点管理环节中的主要廉洁风险点，明确防控措施、风险涉及单位（部门）及相关监管单位（部门）。

5. 铁路局集团公司在应用防控表的基础上，结合国铁集团工程建设等领域有关廉洁风险防控制度规定和各级巡视巡察、审计、监督检查反馈问题，深入查找、动态补充本铁路局集团公司物资管理廉洁风险点，细化防控措施，并通过制度建设和业务流程设计予以落实，明确各相关管理部门与岗位的物资廉洁风险防控职责，形成本铁路局集团公司物资廉洁风险防控手册并组织实施。

6. 严格落实防控手册的具体要求，结合本单位管理工作职责和岗位设置，梳理权力事项，完善内控机制，优化业务流程设计，加强对物资管理相关关键岗位、人员和敏感事项监管，有效防范廉洁风险。

第三节　风险防范与控制

要深入分析不同物资廉洁风险产生源头与构成因素，抓重点、抓关键，制定切实可行的风险防控措施，加大廉洁风险防控力度。

1. 加强作风建设。深入开展廉洁从业教育提醒，采取签订廉洁承诺书、制定岗位廉洁规范、开展示范教育和警示教育、定期分析通报、日常提醒等形式，在出差、培训办班、重大节日及重大采购项目中严格纪律要求，深入落实中央八项规定精神和国铁集团党组有关决定，严禁吃、拿、卡、要等行为，严禁违规收受各种有价证券和接受服务管理对象、关联企业的公费旅游、宴请等，不断增强物资管理人员主动防范廉洁风险的意识。

2. 优化岗位职责。按照管采分离的原则，优化物资管理体制机制，明确各岗位管理职责，关键敏感岗位应实行轮岗制度，经办与审批等不相容职务要合理分离，形成权责对等、有效制衡的权责结构。

3. 规范职责履行。健全物资管理制度，完善物资管理内控机制，规范设计业务流程，严格控制自由裁量权限。在资格条件设置、采购方式选择、供应商信用评价等物资管理关键环节或重大物资管理事项，要规范履行集体决策程序。运用考核评价、责任追究等手段，引导物资管理规范、有序开展，及时追究违规违纪责任，形成管理闭环。加强监督检查，改进监管方式和途径，扩展监督渠道，完善监督机制，规范处理异议，强化过程监管，防范腐败行为。

4. 加强科技防控。加大信息公开力度，按规定公开物资采购、技术标准发布情况等信息，发挥信息平台防控作用。提升数字化管理水平，完善信息系统功能，加强数据安全管控，逐步实现网上实时动态监控，做到信息可监控、行为留痕迹、责任可追溯。

5. 推进体系防控。将廉洁风险防控要求融入物资管理全流程及日常工作中,廉洁风险防控责任要落实到物资管理各相关部门的具体岗位和人员。通过供应商关系管理、评标专家管理、合同管理等工作,明确对设计单位、施工单位、监理单位、物资供应商、代理机构、评标专家等单位和人员的廉洁风险防控要求,构筑系统的物资廉洁风险防控体系,提高惩治和预防腐败的能力。

6. 加强风险预警。扩展廉洁风险信息反馈渠道,通过异议处理、监督检查、系统数据挖掘等途径,收集、掌握廉洁风险信息,根据不同物资廉洁风险等级,分析研判可能引发廉洁风险的苗头性、倾向性问题,采取提醒教育、组织整改等方式进行处置,及时化解廉洁风险。

7. 强化运行监督。构建纵向与横向、内部与外部相结合的监督体系,针对不同物资廉洁风险等级,灵活采取现场监督、专项检查和数字化监管相结合的方式,加强对本单位及下属单位物资管理活动监督检查,重点监督廉洁风险防控、整改措施落实情况,促进物资管理工作规范有序。

8. 严格考核追责。将物资廉洁风险防控内容纳入物资管理绩效评价,对发现的物资管理违规问题,及时组织整改并按规定进行责任追究,涉嫌违纪违法的移交纪检监察等部门依纪依法处理,涉及供应商的按规定进行信用评价。

9. 坚持动态管理。结合管理提升和预防腐败的新要求,以及物资管理发展的实际情况,不断总结廉洁风险防控管理工作成效经验，及时调整、完善物资廉洁风险防控内容、等级和措施。

10. 完善信息报告制度。运输站段要收集、汇总、分析本单位物资廉洁风险防控工作开展情况，定期形成工作报告，上报铁路局集团公司物资部，对本单位发生的重大物资廉洁风险问题，应以专项报告形式及时反馈函报。

第四节　铁路局集团公司物资廉洁风险防控表

铁路局集团公司物资廉洁风险防控见表 10-1（参考《广州局集团公司物资廉洁风险防控手册》）。

表 10-1 铁路局集团公司物资廉洁风险防控

管理环节	风险点	等级	风险涉及单位(部门)	潜在风险表现	防控措施	涉及风险的具体岗位	涉及监管单位(部门)
一、物资采购	(一)采购方案制定	较大	物资使用需求、物资采购单位(部门)	1. 针对特定供应商,有倾向性地提报物资需求计划、设定采购项目包件、安排招标时间、设定资格条件和技术条件等	(1)物资采购相关人员要及时参加业务培训,加强业务学习,及时掌握国家法律法规、国铁集团及铁路局集团公司有关管理制度要求,并自觉遵守。 (2)加强物资采购预算管理,物资预算要与生产、财务、投资等预算有机衔接,发挥预算控制作用,根据生产经营和建设需要合理编制年度与批次采购计划,科学安排采购时间。 (3)严格审批采购方案,优化岗位设置和审批流程,采购范围、包件划分等重点内容要实施集体审查。技术条件应由相关部门根据专业分工负责组织审查,技术条件复杂的可组织专题会议审查。 (4)投标(报价)人资格条件应根据采购物资的特点和管理要求进行合理设置,规范运用国家、国铁集团有关产品技术标准,严禁设置不合理的业绩、资质等条件限制、排斥潜在投标(报价)人。	各专业部采购计划提报人员;站段采购计划制定及审核人员;各单位(部门)采购方案审批人员;采购所采购计划审核人员	物资、计统、企法、财务、经开、各专业部(科信、运输、客运、货运、机务、车辆、工务、电务、供电、建设、土房、安监等,下同)、审计、巡察办、纪委等部门

续上表

管理环节	风险点	等级	风险涉及单位(部门)	潜在风险表现	防控措施	涉及风险的具体岗位	涉及监管单位(部门)
一、物资采购	(一)采购方案制定	较大	物资使用需求、物资采购单位(部门)	1. 针对特定供应商，有倾向性地提报物资需求计划、设定采购项目包件、安排招标时间、设定资格条件和技术条件等	(5)加强物资招标项目包件划分的审核，区分专用物资和通用物资，合并同类物资，合理划分包件，利用市场机制形成供应商竞争，避免有“量身定做”的情况发生	各专业部采购计划提报人员；站段采购计划制定及审核人员；各单位(部门)采购方案审批人员；采购所采购计划审核人员	物资、计统、企法、财务、经开、各专业部(科信、运输、客运、货运、机务、车辆、工务、电务、供电、建设、土房、安监等，下同)、审计、巡察办、纪委等部门
				2. 默许对潜在投标人有倾向性的采购方案，或有倾向性地批复采购方案	(1)铁路局集团公司专业部门提报的采购计划应科学合理，不得含有倾向性内容；款源部门要严格审批采购计划，对采购申请中含有倾向性的内容应及时修正；物资采购部门对有倾向性的采购计划，应及时向专业部门或款源部门提出修正意见。 (2)定期开展监督检查，对发现的默许或有倾向性批复采购方案等问题，及时予以纠正并严肃追责		

续上表

管理环节	风险点	等级	风险涉及单位(部门)	潜在风险表现	防控措施	涉及风险的具体岗位	涉及监管单位(部门)
一、物资采购	(一)采购方案制定	较大	物资使用需求、物资采购单位(部门)	3. 应招标而不招标或以化整为零方式规避招标，或进行虚假招标	(1)严格按照国家法定、国铁集团和铁路局集团公司规定的条件，结合采购项目规模、属性选择采购方式。 (2)按照铁路局集团公司物资归口管理和物资集中采购要求，达到招标条件的项目由集团物资采购所组织集中招标采购	各专业部采购计划提报人员；站段采购计划制定及审核人员；各单位(部门)采购方案审批人员；采购所采购计划审核人员	物资、计统、企法、财务、经开、各专业部(科信、运输、客运、货运、机务、车辆、工务、电务、供电、建设、土房、安监等，下同)、审计、巡察办、纪委等部门
				4. 选择非公开采购方式的条件、依据或决策程序不符合国家法律法规、国铁集团及铁路局集团公司有关规定	(1)物资采购以公开采购为主，达到公开招标规模要求而选择非公开采购方式应规范履行决策程序，严禁化整为零规避招标。 (2)加强对非公开招标采购项目不定期检查，对违规行为严肃进行考核问责	采购项目提报部门、采购方案审批人员；采购所采购计划、采购方案审核人员	

续上表

管理环节	风险点	等级	风险涉及单位(部门)	潜在风险表现	防控措施	涉及风险的具体岗位	涉及监管单位(部门)
一、物资采购	(二)采购文件编制	重大	物资使用需求单位(部门)、物资采购单位(部门)	针对特定供应商,制定不合理采购条款,排斥或指定潜在投标(报价)人	(1)规范运用标准化采购文件,除文件允许内容外,不得随意增加、更改重要关键条款。 (2)严格遵循国家法律法规、国铁集团管理规定和相关技术标准,根据其发布情况及时更新采购文件。根据采购项目特点合理设定供应商及产品采购条件要求,不得随意抬高或降低有关标准和条件。 (3)规范运用国家、国铁集团有关产品技术标准,严禁通过指定检测机构、设置不合理的业绩、注册资本金等条件限制、排斥市场竞争,技术规格书中不得设置业绩等商务条款。 (4)按照物资采购管理有关规定,物资管理部门负责组织对采购文件进行完整性、规范性审查,相关部门按职责分工对技术条件、价格、支付条件、履约责任、资格条件等提出书面审查意见。物资管理部门对除技术以外的审查意见进行复核。	站段采购计划制定及审核人员;项目提报部门及技术规格书编制、审核部门人员;采购所采购文件编制、审批人员	物资、计统、企法、财务、经开、各专业部、审计部、巡察办、纪委等部门

续上表

管理环节	风险点	等级	风险涉及单位(部门)	潜在风险表现	防控措施	涉及风险的具体岗位	涉及监管单位(部门)
一、物资采购	(二)采购文件编制	重大	物资使用需求单位(部门)、物资采购单位(部门)	针对特定供应商,制定不合理采购条款,排斥或指定潜在投标(报价)人	(5)采购文件中应载明廉政要求,明确采供双方的责任和义务,并按规定签订廉政协议或将廉政要求纳入采购合同	站段采购计划制定及审核人员;项目提报部门及技术规格书编制、审核部门人员;采购所采购文件编制、审批人员	物资、计统、企法、财务、经开、各专业部、审计部、巡察办、纪委等部门
	(三)采购价格管理	一般	物资使用需求单位(部门)、物资价格管理单位(部门)	1. 未按规定程序设置的限价严重偏离实际,影响物资采购供应	结合最高限价项目实际情况,主要以沿用历史最高限价、运用价格写实结果、应用综合分析结论等为依据,提出最高限价建议	物资价格写实人员;站段负责采购人员;项目提报部门招标文件审核人员;款源部门款源批复经办人员;采购所采购文件编制、审批人员	物资、计统、财务、经开、各专业部,审计部
				2. 超最高限价采购	(1)规范采购限价确定程序,对重点项目采购限价的制定和变动实施集体决策。 (2)采购文件中设置最高限价的应按确定的最高限价严格执行,各单位不得突破最高限价进行采购		

续上表

管理环节	风险点	等级	风险涉及单位(部门)	潜在风险表现	防控措施	涉及风险的具体岗位	涉及监管单位(部门)
一、物资采购	(三)采购价格管理	一般	物资使用需求单位(部门)、物资价格管理单位(部门)	3. 采购价格偏离市场价格较大,产生价格虚高、质低价劣风险	(1)加大价格信息共享力度,及时掌握市场价格及行情变化情况。 (2)加强采购信息监测,对采购价格偏离较大的,应及时提醒预警	物资价格写实人员;站段负责采购人员;项目提报部门招标文件审核人员;款源部门款源批复经办人员;采购所采购文件编制、审批人员	公司物资、计统、财务、经开、审计、各专业部
				4. 未经市场调研或现场写实等程序,设置的限价条件严重偏离实际,造成排斥或限制潜在投标人	(1)通过市场调研,运用历史采购价格,开展价格写实,以及参考国铁集团、铁路局集团公司、生产厂家、社会公共媒体公布价格等方法,合理确定采购限价。 (2)规范采购限价确定程序,对重点项目采购限价的制定和变动实施集体决策。 (3)采购人在采购文件中设置最高限价的,应明确最高限价或者最高限价的计算方法,采购人不得规定最低限价		

续上表

管理环节	风险点	等级	风险涉及单位(部门)	潜在风险表现	防控措施	涉及风险的具体岗位	涉及监管单位(部门)
一、物资采购	(四)采购信息公开	一般	物资使用需求单位(部门)、物资采购单位(部门)	1. 未在规定媒介上发布采购信息，或未经审批擅自发布答疑、补遗等采购信息	(1)建立信息公开制度，明确信息公开内容、范围和时限，通过国家规定的媒介或国铁采购平台公开物资采购信息，在各平台上公布的采购信息应当内容一致。 (2)加强对采购信息发布情况审核，规范审批程序，发现问题及时处理	站段负责采购人员；各采购流程参与人员；采购所采购人员	物资、审计、巡察办、纪委等部门
				2. 为照顾特定潜在投标(报价)人，对不同潜在投标(报价)人分别提供差异化的采购信息	严肃采购纪律，禁止采购相关人员向投标人以口头、书面形式泄露相关采购信息，答疑、澄清、补遗等内容必须发送给所有相关投标人		物资、计统、财务、各专业部
	(五)采购异议处理	较大	物资使用需求单位(部门)、物资采购单位(部门)	1. 借答疑、补遗、澄清等程序增加歧视性、限制性条件，排斥潜在投标(报价)人	采购人对采购文件的补遗应按规定的要求和程序办理，涉及有关技术的补遗，按照经审核后的技术条件执行；涉及非技术的补遗应严格遵循标准化采购文件。相关澄清、说明等内容应纳入采购档案进行保管	站段负责采购人员；各采购流程参与人员；采购所采购人员	物资部，各专业部

续上表

管理环节	风险点	等级	风险涉及单位(部门)	潜在风险表现	防控措施	涉及风险的具体岗位	涉及监管单位(部门)
一、物资采购	(五)采购异议处理	较大	物资使用需求单位(部门)、物资采购单位(部门)	2. 未按规定受理、处理异议,或异议答复不及时	严格按照国铁集团、铁路局集团公司物资采购异议处理办法,对符合受理条件的,应规范进行处理,按规定暂停采购活动,并及时予以答复	站段负责采购人员;采购所采购人员	物资、各专业部,审计部、巡察办、纪委等部门
	(六)组建评审委员会	较大	物资采购单位(部门)	1. 未按规定抽选评委,或有倾向性选择评委	规范评委专家抽选,根据项目特点和采购方式,按规定从国家、属地、国铁集团或所属企业专家库中抽选,抽选过程要保留可追溯痕迹。抽选评委时要遵循回避原则	采购所评委专家库管理人员及负责抽取评委人员;各项目专家评委;集团物资采购评委专家库成员	物资、各专业部,审计部、巡察办、纪委等部门
				2. 采购人或评委向特定潜在投标(报价)人故意泄露评委名单	(1)加强保密管理,评委名单应严格保密,最大限度控制评委名单知悉范围。 (2)严格评委专家管理,对违反保密要求、谋取私利的评委专家按规定进行责任追究		

续上表

管理环节	风险点	等级	风险涉及单位(部门)	潜在风险表现	防控措施	涉及风险的具体岗位	涉及监管单位(部门)
一、物资采购	(七)采购评审	重大	物资使用需求单位(部门)、物资采购单位(部门)	1. 领导干部或其他人员插手干预评审工作,暗示、诱导、误导、胁迫评委进行评审,或违规确定采购结果	开展廉政警示提醒,在标准化交易基地将相关警示提醒标语和要求揭挂上墙。在评审前提醒评委遵守廉政纪律,履行评审职责,严格按照招标文件要求进行评审,必要时签订廉洁承诺书	采购所负责招标采购人员;集团物资招标评委专家库管理人员及专家库成员	物资、各专业部,审计部、巡察办、纪委等部门
				2. 未按采购文件进行评审,或擅自修改评审办法及评审标准	(1)完善专家评审工作流程,在评审前认真组织专家学习招标文件。 (2)加强对评委专家库的日常管理,及时清理“问题”评委。加强对评审专家考核,对评审把关不严格,未按采购文件进行评审,或擅自修改评审办法及评审标准的评委按规定进行责任追究。 (3)建立驻场监督制度,对进入地方交易市场的物资采购项目,规范开展驻场监督。具备条件的,利用信息化手段提高现场监督效果。 (4)加强对评审过程的监督,采取录音、录像等方式提升监督效果。		

续上表

管理环节	风险点	等级	风险涉及单位(部门)	潜在风险表现	防控措施	涉及风险的具体岗位	涉及监管单位(部门)
一、物资采购	(七)采购评审	重大	物资使用需求单位(部门)、物资采购单位(部门)	2. 未按采购文件进行评审,或擅自修改评审办法及评审标准	(5)加强对评审现场管理,除评审委员会成员外,其他工作人员不得违规进入评审现场。评审现场相关人员不得向他人透露采购评审中可能影响公平竞争的情况	采购所负责招标采购人员;集团物资招标评委专家库管理人员及专家库成员	物资、各专业部,审计部、巡察办、纪委等部门
				3. 评审过程中,借澄清等机会,向外泄露评审信息	(1)加强对评审过程的监督,采取录音、录像等方式提升监督效果。加强对评审现场管理,除评审委员会成员外,其他工作人员不得违规进入评审现场。评审现场相关人员不得向他人透露采购评审中可能影响公平竞争的情况。 (2)规范澄清工作程序,澄清工作由评审委员会负责。 (3)加强对评审专家考核,对存在评审把关不严格、违规泄密、权钱交易的专家按规定进行责任追究,并按程序向专家管理单位或部门提出处理建议		

续上表

管理环节	风险点	等级	风险涉及单位(部门)	潜在风险表现	防控措施	涉及风险的具体岗位	涉及监管单位(部门)
一、物资采购	(七)采购评审	重大	物资使用需求单位(部门)、物资采购单位(部门)	4. 评审把关不严,未按招标文件要求选择供应商	(1)加强投标(报价)企业的资质条件审核,评审委员会要按照采购文件要求严格审查投标(报价)企业行政许可、CRCC认证、技术评审、企业名称一致性等相关资质情况。 (2)加强评审结果把关,对评审排名第一的候选人放弃或不符合成交条件的,依次确定的其他候选人与采购预期差距较大,或对采购人明显不利时,可以重新采购	采购所负责招标采购人员;集团物资招标评委专家库管理人员及专家库成员	物资、各专业部,审计部、巡察办、纪委等部门
				5. 评审结果未在规定媒介或未按规定时限进行公示	评审委员会提出书面评审报告后,采购人按规定对中标(成交)候选人进行公示		

续上表

管理环节	风险点	等级	风险涉及单位(部门)	潜在风险表现	防控措施	涉及风险的具体岗位	涉及监管单位(部门)
二、国铁采购平台管理及运用	(八)电子采购与数据管理	较大	平台建设运营单位，平台技术研发单位，物资使用需求单位(部门)，物资采购单位(部门)	1. 为照顾特定利益人，未按规定进行比价或履行决策程序，直接采购价格明显高于市场公允价格水平或平台内同等质量功能商品，且累计采购数量、金额较大。 2. 无合理理由，在潜在商户充足条件下，频繁采购单一商户商品且价格较高。	(1)强化对物资采购相关人员业务培训，熟练掌握平台管理规定、采购程序和交易规则。 (2)加强对平台商品交易价格管理，规范执行平台商品下单比价要求，规范履行决策程序，合理选择采购方式和采购渠道，及时反馈平台商户价格违规情况。	站段负责通用物资电商采购人员；采购所通用物资电商采购人员	物资、财务、科信、经开、货运、审计、巡察办、纪委等部门

续上表

管理环节	风险点	等级	风险涉及单位(部门)	潜在风险表现	防控措施	涉及风险的具体岗位	涉及监管单位(部门)
二、国铁采购平台管理及运用	(八)电子采购与数据管理	较大	平台建设运营单位,平台技术研发单位,物资使用需求单位(部门),物资采购单位(部门)	3. 大额物资采购未按规定履行必要的决策程序,直接在平台上实施采购。 4. 为照顾特定入驻商家,故意隐瞒价格违约、产品质量、售后服务等问题。 5. 不按平台规定付款程序进行货款结算。 6. 利用平台违规交易或平台关联数据信息谋取私利或给企业造成经济损失	(3)对照采购订单实施两人以上联合验收,查验商品名称、规格型号、数量、功能技术参数、发货凭证、质量合格证明及相关技术证明资料,发现存在产品质量问题的,及时要求商户履行退换货或质量保证责任。 (4)加强平台采购账单和货款支付管理,按照约定的支付账期及时支付货款,维护平台良好声誉。 (5)加强平台数据安全管理和廉洁警示教育,督促平台运营、研发和运用单位分工落实管理责任,防范利用平台数据违规牟利行为	站段负责通用物资电商采购人员;采购所通用物资电商采购人员	物资、财务、科信、经开、货运、审计、巡察办、纪委等部门

续上表

管理环节	风险点	等级	风险涉及单位(部门)	潜在风险表现	防控措施	涉及风险的具体岗位	涉及监管单位(部门)
三、合同管理	(九)合同签订	一般	合同签订执行单位(部门)、物资采购单位(部门)	1. 未按范本、采购文件及采购结果签订采购合同。 2. 为谋取不正当利益,违规签订合同。 3. 与成交商另行签订背离合同实质性内容的其他协议。 4. 未按规定履行合同变更手续,擅自变更价格、数量等实质性内容	(1)国铁集团或本单位制定有合同标准文本的事项,签订合同应当使用标准文本;未制定标准文本,但制定有合同示范文本的事项,签订合同应使用示范文本。采购合同要严格按照采购结果及采购文件约定,履行联签审查、法律审查后签订。 (2)强化合同意识,规范合同管理程序,加强对物资采购合同审查、签订、履行、变更等关键环节管理,落实履约各方责任,采购人不得擅自变更、转让、中止或者终止合同。 (3)严格合同起草和审查,重点审查物资明细、价格、质量保障、资金支付等主要条款是否明确、符合规定并与采购文件和供应商响应的内容保持一致。 (4)建立采购合同备案与追踪机制,加强物资采购合同履行过程监管,及时掌握合同签订与执行情况,合同变更、终止严格依据相关规定履行事项决策、合同审查等程序,形成管理闭环,对发现的违规问题,应严肃处理并追责	站段、各专业部、物资部、采购所合同管理人员	企法、财务、计统、物资、审计、各专业部,巡察办、纪委等部门

续上表

管理环节	风险点	等级	风险涉及单位(部门)	潜在风险表现	防控措施	涉及风险的具体岗位	涉及监管单位(部门)
四、资金管理	(十)资金支付	一般	资金支付单位(部门)	未按合同约定(时间、付款方式、金额)、资金支付规定和物资供货验收情况支付货款	严格资金支付审批程序,按照资金支付规定、合同约定和物资供货验收情况进行支付,大额资金支付实行联签制	站段、采购所财务相关人员	物资、企法、财务、纪委等部门
五、质量管理	(十一)物资验收	较大	物资使用需求单位(部门)、物资采购单位(部门)、质量管理单位(部门)	1. 未按规定程序、标准和合同约定进行验收,接收不符合合同要求的物资设备,或拒绝接收符合合同要求的物资设备	(1)将物资验收标准纳入采购合同并严格执行。 (2)明确验收职责,物资部门要负责组织对物资外观、数量、规格进行查验,专业技术部门要负责组织对物资性能、质量、技术证件进行查验,必要时要委托第三方机构进行质量检验。 (3)严格查验物资,保证两人以上参与验收工作。对存在质量瑕疵、技证不全等不符合合同要求的产品,一律按合同进行退换处置,确保入库物资质量	站段负责物资验收人员	物资部,各专业部

续上表

管理环节	风险点	等级	风险涉及单位(部门)	潜在风险表现	防控措施	涉及风险的具体岗位	涉及监管单位(部门)
五、质量管理	(十一)物资验收	较大	物资使用需求单位(部门)、物资采购单位(部门)、质量管理单位(部门)	2. 委托与被检单位有隶属或其他利害关系的检测机构进行质量检验	加强对委外验收的监督检查,抽样与送检必须由两人以上共同见证确认,并留有可追溯痕迹	站段负责物资验收人员	物资部,各专业部
六、仓储配送	(十二)存量物资管理	较大	物资使用需求单位(部门)、物资采购单位(部门)	未按规定进行物资收发存管理,虚假领用或退换库存物资	(1)加强物资实物管理,完善领用申请审批程序,规范记录物资交接领用情况,及时通过信息系统入账登记。 (2)定期开展库存物资盘点清查,信息纳入存量物资网管理,确保物资账实相符	站段及车间班组材料人员;其他单位材料管理相关人员	物资、审计、各专业部
七、物资运用	(十三)物资消耗	较大	物资使用需求单位(部门)	1. 未按规定进行物资运用消耗管理,通过虚假物资消耗、损毁、报废、调拨等方式转移物资	强化现场物资管理,规范消耗台账记录,运用监控等手段提升现场实物管理水平	站段材料科、车间班组材料人员	物资、审计、各专业部

续上表

管理环节	风险点	等级	风险涉及单位(部门)	潜在风险表现	防控措施	涉及风险的具体岗位	涉及监管单位(部门)
七、物资运用	(十三)物资消耗	较大	物资使用需求单位(部门)	2. 为照顾特定利益人,故意编造或隐瞒产品质量、售后服务等问题	完善物资运用信息跟踪机制,及时掌握物资运用过程中质量问题和售后服务等情况。对存在产品质量问题,要按规定开展认定评价	站段材料科、车间班组材料人员	物资、审计、各专业部
八、报废物资管理	(十四)报废物资处置	重大	物资使用单位(部门)、专业技术部门、报废物资处置单位(部门)	1. 未按规定回收并集中处置报废物资或不严格执行报废物资清点要求,多收实物少入账	(1)严格遵守国家法律法规对危险品、报废汽车等专项物资的回收、处置规定。 (2)加大报废物资回收力度,推行退旧领新,规范回收归集程序,新品与报废物资分区存储	站段材料科及车间班组报废物资管理相关人员;业务部室物资报废鉴定管理人员;物资采购所报废物资竞价销售管理人员	物资、审计、各专业部,巡察办、纪委、保卫部
				2. 未执行报废物资集中处置结果,发运品类、数量等与销售合同有较大出入	加强对报废物资回收、储存、装运等环节监督,强化内部治安保卫巡察,多方联合监管,确保出入库报废物资账实相符		

续上表

管理环节	风险点	等级	风险涉及单位(部门)	潜在风险表现	防控措施	涉及风险的具体岗位	涉及监管单位(部门)
八、报废物资管理	(十四)报废物资处置	重大	物资使用单位(部门)、专业技术部门、报废物资处置单位(部门)	3. 未履行判废手续,将新品按报废物资处置	严格执行物资报废管理有关程序,防止以好充次造成损失	站段材料科及车间班组报废物资管理相关人员;业务部室物资报废鉴定管理人员;物资采购所报废物资竞价销售管理人员	物资、审计、各专业部,巡察办、纪委、保卫部
				4. 越权、私自处置报废物资造成国有资产流失	明确报废物资分级处置权限,推广集中公开竞价销售,坚持信息公开,鼓励吸引有实力回收企业参与竞争,提高报废物资处置效益		
				5. 允许不符合资质要求的竞标方参与竞标,或设置不合理条件限制符合条件的单位参与竞标	针对不同物资类别,合理设置竞标方资质条件,竞标前对竞标方的资质进行严格审核		
				6. 合同履行过程未严格执行先收款、后发货制度,导致成交方拖欠料款	合同履行单位加强各环节工作把关,严格落实先收款、后发货,从源头上杜绝成交方拖欠料款的现象		

续上表

管理环节	风险点	等级	风险涉及单位(部门)	潜在风险表现	防控措施	涉及风险的具体岗位	涉及监管单位(部门)
九、应急物资管理	(十五)应急物资采购	较大	物资使用需求单位(部门)、物资采购单位(部门)	1. 为照顾特定利益人,利用应急采购规避正常采购程序	(1)加强应急采购权限管理,明确各级物资部门应急物资分工采购权责并严格落实。 (2)明确应急采购物资范围、启动条件和审批权限,规范应急物资采购程序。 (3)应急采购申请、审批、采购方式及过程记录建档,实现采购过程可追索。 (4)加强事后监督,严格按规定进行审批卡控,严禁以应急采购名义规避正常的物资采购程序	站段材料科及车间班组材料管理和采购人员;站段验收管理人员、管库员;物资采购所物资采购人员	物资、审计、各专业部,巡察办、纪委等部门
				2. 对应急采购物资质量、价格把关不严,导致采购物资质量差或采购价格明显偏高	(1)加强应急采购渠道日常管理,发生应急采购时,对物资质量和采购价格应按规定进行把关。 (2)严格审核应急采购计划中质量条款是否明确、详细。 (3)对应急采购方式合理选用,尽量优先采用公开竞争方式		

续上表

管理环节	风险点	等级	风险涉及单位(部门)	潜在风险表现	防控措施	涉及风险的具体岗位	涉及监管单位(部门)
十、供应商关系管理	(十六)供应商信息审核与信用评价	一般	国铁物资公司、物资使用需求单位(部门)、物资采购单位(部门)	1. 为照顾特定利益人,无正当理由限制供应商通过国铁采购平台注册进入铁路物资市场	(1)全面放开铁路物资市场,鼓励有实力企业参与铁路物资市场竞争,规范供应商信息注册,严格按标准进行审核。 (2)在物资采购平台公布供应商注册投诉联系方式,公开接受投诉和监督	站段材料科及车间班组材料管理及采购人员;站段验收管理人员、管库员;物资采购所物资采购人员	物资、审计、各专业部,巡察办、纪委等部门
				2. 对发现或下属单位上报的供应商失信行为未按规定进行认定评价	(1)严格执行国铁集团和铁路局集团公司物资供应商信用评价规定,督促供应商失信行为信息反馈,规范与供应商之间沟通与认定异议处理程序,严格按标准进行认定评价。 (2)建立供应商不良行为信息处置台账,认定过程逐级签认,形成责任追索依据。 (3)将报废物资成交方的违规行为,一并按照供应商管理有关规定进行不良行为和信用评价管理		

续上表

管理环节	风险点	等级	风险涉及单位(部门)	潜在风险表现	防控措施	涉及风险的具体岗位	涉及监管单位(部门)
十、供应商关系管理	(十六)供应商信息审核与信用评价	一般	国铁物资公司、物资使用需求单位(部门)、物资采购单位(部门)	3. 为照顾特定利益人,对同类问题认定处理尺度不一致	(1)严格执行国铁集团、铁路局集团公司供应商不良行为及信用评价等标准,统一问题认定处理尺度。 (2)严格执行国铁集团发布的供应商处理通报及供应商日常不良行为信用评价结果,及时调整与供应商的合作关系,同时在集团物资质量监督微信公众号公布	站段材料科及车间班组材料管理及采购人员;站段验收管理人员、管库员;物资采购所物资采购人员	物资、审计、各专业部,巡察办、纪委等部门
				4. 领导干部违规干预评价结果	严格执行铁路局集团公司供应商信用评价管理规定,对供应商不良行为如实评价和上报		
				5. 未执行国铁集团供应商信用评价结果	将供应商信用评价有关要求纳入采购文件,加强合同签订等关键环节审核把关,加大对供应商以更名或新注册企业等方式规避信用惩戒的审查力度,及时按照国铁集团相关要求调整供应商合作关系